D'APRÈS LES FILMS

Harry Potter™

RECETTES
DE FÊTES

Nimbus 2000
Firebolt

D'APRÈS LES FILMS

Harry Potter™

RECETTES
DE FÊTES

Texte par Jody Revenson
Recettes par Elena Craig
Traduit de l'anglais par Xavier Hanart

hachette HEROES

SOMMAIRE

Chapitre Un
PETITS DÉJEUNERS

Chapitre Deux
SOUPES ET ENTRÉES

Chapitre Trois
PAINS ET ACCOMPAGNEMENTS

Chapitre Quatre
PLATS

Chapitre Cinq
DESSERTS

Chapitre Six
BOISSONS

Chapitre Sept
POUR VIVRE UN NOËL À LA HARRY POTTER

INTRODUCTION

Dans le monde des sorciers, Noël est une période emplie de sapins et de couronnes décorés d'étincelantes étoiles d'or, de cartes attachées par des rubans, de bougies aux flammes vacillantes et de chœurs spectraux entonnant des chants de Noël. Les traditionnels biscuits de Noël sont sur toutes les tables, que ce soit au 12, Square Grimmaurd où les Weasley célèbrent les fêtes avec Harry et Hermione dans *Harry et l'Ordre du Phénix*, au Terrier, la maison familiale des Weasley dans *Harry Potter et le Prince de Sang-Mêlé* ou dans la Grande Salle de *Harry Potter à l'École des Sorciers*. Lorsque Harry doit rester à Poudlard durant sa première année, la neige tombe aussi bien à l'extérieur du château que dans la Grande Salle où les dîners de Noël régalent les élèves avec leurs oranges éclatantes, leurs rôtis savoureux et leurs gâteaux surmontés de bonshommes de neige juchés sur des balais. Noël est l'occasion de réunir les amis et la famille — peu importe où et qui — et de partager un repas généreux et de délicieuses friandises, renforçant l'ambiance magique des fêtes.

Harry Potter : Recettes de fêtes propose ainsi tout ce qu'il faut pour réussir vos fêtes : des soupes aux amuse-gueules — comme la Vichyssoise de Nicolas Flamel (page 34) et les Noix épicées de Noël du Club de Slug (page 23) — ainsi que de copieuses entrées, des pains chauds et croustillants, des desserts enchanteurs et des boissons qui mettront tout le monde de bonne humeur. Les recettes de cet ouvrage sont inspirées des films *Harry Potter* et sont si nombreuses que même les tables de trente mètres de la Grande Salle ne suffiraient pas à les présenter. Le jardin du Gardien des Clés et Lieux de Poudlard serait l'endroit parfait pour trouver les ingrédients du Ragoût de potiron d'Hagrid (page 36) ou les Craquants aux graines de citrouille d'Hagrid (page 89). Quant aux serres à l'extérieur du château, elles fourniraient les légumes des Super choux à la Chourave (page 45) ou de la Salade verte en direct de la Serre numéro 3 (page 59).

Molly Weasley nous a inspiré une Focaccia, version « pull de Weasley » (page 53) et vous pouvez retrouver les tasses utilisées pour la tasseomancie en cours de divination dans la recette du Pot de crème du Professeur Trelawney (page 123). Les plats du Bal de Noël rappellent les fruits de mer servis à l'écran, tout comme la sélection de punchs aux couleurs des trois écoles participant au Tournoi des Trois Sorciers. Les boissons incluent un Vin chaud magique (page 149), des Balais à chocolat chaud (page 137) et un Cocktail « sous le gui » (page 150) qui vous réchaufferont durant ces froids jours d'hiver.

Aucun repas ne serait complet sans de délicieuses confiseries. Ici, certaines sont inspirées par celles vendues chez Honeydukes, à Pré-au-Lard, comme les Pop cakes multisaveurs (page 91). Les desserts traditionnels britanniques — ceux que l'on appelle « puddings » en outre-Manche — ne sont pas oubliés tels que le Pudding aux figues du Professeur Flitwick (page 128), le Trifle des Trois Sorciers (page 131) et le préféré d'Harry : la Tarte à la mélasse (page 101).

Ces recettes faciles à comprendre proposent des options sans gluten, végétariennes et/ou végétaliennes, prenant ainsi en compte les besoins de chacun. Et, quand cela est possible, vous trouverez des propositions pour remplacer certains ingrédients.

En plus des plats appétissants et des friandises qui réjouiront les papilles, sont proposées des idées pour organiser des fêtes sur le thème de *Harry Potter*, des menus conçus pour le Réveillon de Noël, le jour de Noël et le Boxing Day, ainsi que des suggestions pour un cocktail dinatoire « à la Professeur Slughorn », un Bal de Noël ou même une soirée cinéma. Bref, de quoi profiter au maximum de l'esprit de Noël.

Les recettes de ce livre vous aideront à créer des repas inoubliables qui permettront à vos amis, à votre famille, aux fêtards et à tous vos invités de passer un très joyeux Noël !

PETITS DÉJEUNERS

Pour environ 8 pièces
Notes diététiques : V

LIVRES FEUILLETÉS
de la Réserve de la bibliothèque

Durant les vacances de Noël lors de leur première année à Poudlard, Hermione Granger demande à Harry Potter de s'introduire dans la section réservée de la bibliothèque de l'École pour chercher des livres sur Nicolas Flamel, l'inventeur de la Pierre Philosophale. Dans l'adaptation au cinéma, ces scènes ont été filmées dans la bibliothèque du duc Humfrey de l'Université d'Oxford datant de l'époque Tudor et dont les livres sont attachés aux étagères par des chaînes. Les ouvrages de la bibliothèque de Poudlard sont massifs et capables de faire hurler celui qui ose les ouvrir, comme ce fut le cas pour le premier livre dans lequel Harry s'est plongé au cours de ses recherches. À votre tour de crier de plaisir en dégustant ces « livres » légers et croustillants faits de pâte feuilletée.

« Génial, tu vas pouvoir aider Harry, il doit faire des recherches à la bibliothèque pour découvrir qui est Nicolas Flamel.

– On a déjà cherché dans des centaines de livres !

– Mais pas dans ceux de la Réserve. Passez un bon Noël ! »

— Hermione Granger et Ron Weasley,
Harry Potter à l'École des Sorciers

INGRÉDIENTS

Env. 480 g de pâte feuilletée du commerce décongelée selon les instructions

90 g de beurre fondu

2 à 3 gouttes de colorant alimentaire noir

40 g de sucre semoule

3 g de mélange cinq-épices

1. Recouvrez une plaque à pâtisserie d'un tapis de cuisson en silicone ou de papier sulfurisé. Assurez-vous que la pâte soit décongelée.
2. Déposez 2 cuil. à soupe de beurre fondu dans un petit récipient et incorporez le colorant alimentaire. Déposez le reste du beurre fondu dans un autre récipient. Préparez deux pinceaux à pâtisserie. Mélangez le sucre et le cinq-épices dans un bol.
3. Étalez la pâte afin d'obtenir des abaisses de 30 x 25 cm. Découpez ensuite une vingtaine de rectangles de 7,5 x 5 cm. Enfin, à l'aide d'un emporte-pièce ovale de 5 cm de long, découpez une forme dans 4 des rectangles.
4. Déposez un rectangle sur la plaque à pâtisserie et badigeonnez-le du beurre coloré en noir. À l'aide d'une fourchette, piquez le centre du rectangle en faisant 4 rangées de marques. Placez un autre rectangle dessus, badigeonnez-le de beurre non coloré avec le pinceau propre, saupoudrez-le d'un peu de mélange sucre/épices et marquez-le à l'aide de la fourchette. Ajoutez 2 autres rectangles, badigeonnez-les de beurre non coloré, saupoudrez de sucre aux épices. Cela fait, prenez une baguette alimentaire et appuyez-la au centre de la pile, perpendiculairement à la plus grande longueur, afin de créer l'effet de reliure d'un livre ouvert. Pincez délicatement le haut et le bas du livre avec les doigts.
5. Peignez les pièces ovales avec le beurre coloré et, du bout de la baguette alimentaire, créez des yeux et une bouche. Disposez-les sur le livre en appuyant légèrement afin qu'ils adhèrent. Répétez le processus de confection avec le reste de la pâte pour obtenir d'autres livres et mettez-les à refroidir 20 min au réfrigérateur.
6. Entretemps, préchauffez le four à 205 °C (th. 7).
7. Mettez les livres à cuire 15 à 20 min, jusqu'à ce qu'ils soient bien gonflés et dorés. Servez-les tièdes ou à température ambiante. Il est possible de les conserver 2 jours dans une boîte hermétique.

Pour environ 4 personnes
Notes diététiques : SG*, V, V+*

GRANOLA
du Tournoi des Trois Sorciers

Comme on l'apprend dans *Harry Potter et la Coupe de Feu,* le Tournoi des Trois Sorciers se compose de trois épreuves : vaincre un dragon, trouver un « trésor » au fond d'un lac et traverser un dangereux labyrinthe afin de remporter le Trophée des Trois Sorciers. La sagesse populaire voulant que le petit déjeuner soit le repas le plus important de la journée, les quatre champions du tournoi (Viktor Krum de l'Institut Durmstrang, Fleur Delacour de l'Académie Beauxbâtons et Cedric Diggory pour Poudlard, établissement pour lequel un deuxième participant est désigné : Harry Potter) seraient en pleine forme s'ils commençaient leur journée par ce petit déjeuner sain à base de granola. Les amandes et les noix de pécan offrent une énergie inépuisable, l'avoine et les graines de lin nourrissent tout le corps, et l'ajout délicieux de fruits et d'épices en fait un produit forcément gagnant.

« Pour ceux qui ignorent de quoi il s'agit, le Tournoi des Trois Sorciers réunit trois écoles pour une série d'épreuves à caractère magique. Dans chaque école, un seul élève est sélectionné pour le tournoi. »

— Albus Dumbledore,
Harry Potter et la Coupe de Feu

INGRÉDIENTS

- 7,5 cl d'huile de coco
- 100 g de miel
- 180 g de flocons d'avoine
- 60 g de graines de lin
- 60 g d'amandes entières
- 60 g de noix de pécan en morceaux
- 1 cuil. à café de cannelle
- ½ cuil. à café de gingembre en poudre
- Env. 150 g de fruits secs tels que des raisins secs ou de Corinthe, cerises séchées, abricots secs en dés, noix de coco râpée

1. Préchauffez le four à 150 °C (th. 5). Recouvrez une grande plaque à pâtisserie de papier sulfurisé.
2. Dans un récipient allant au micro-ondes, mélangez l'huile de coco et le miel. Faites chauffer 1 min, puis sortez prudemment du micro-ondes et mélangez.
3. Dans un grand récipient, mélangez les flocons d'avoine, les graines de lin, les amandes, les noix de pécan en morceaux, la cannelle et le gingembre. Remuez jusqu'à ce que le mélange soit homogène, puis incorporez le mélange huile de coco/miel. Étalez le mélange complet sur la plaque de cuisson de façon uniforme et enfournez 15 à 20 min en remuant de temps en temps, jusqu'à ce que le mélange soit presque sec et que les noix soient bien grillées.
4. Sortez du four et incorporez le mélange de fruits secs de votre choix. Laissez refroidir. Vous pouvez conserver ce granola jusqu'à 1 mois dans un récipient hermétique ou l'emballer dans des petits sachets pour l'offrir.

Note | Cette recette peut être réalisée sans gluten avec des flocons d'avoine sans gluten, et pour végétaliens en utilisant du sirop d'agave (7,5 cl) à la place du miel.

Pour 6 personnes
Notes diététiques : SG, V*

BUBBLE AND SQUEAK
de Rogue

Le « Bubble and Squeak », plat classique du petit déjeuner britannique, a été baptisé ainsi en raison des sons qu'il laisse échapper lors de la cuisson et qui rappellent les gargouillis et les cris poussés par ce qui pourrait mijoter dans le chaudron de potion. Ce plat est une excellente façon d'accommoder les restes du dîner de Noël s'il y en a ! N'hésitez pas à écraser les pommes de terre ou à utiliser d'autres légumes racines pour les intégrer à la recette. Outre-Manche, le Boxing Day ne fait pas référence au sport mais aux cadeaux offerts à ceux qui ont participé à d'autres célébrations de Noël, et ce plat réconfortant est un cadeau en soi.

« Double, double, peine et trouble Flamme qui brûle et chaudron plein d'bulles. »

— Chœur des grenouilles,
Harry Potter et le Prisonnier d'Azkaban

INGRÉDIENTS

750 g de pommes de terre à frites pelées et coupées en cubes

300 g de légumes variés rôtis tels que « Les super choux à la Chourave » ou des légumes racines (carottes, navets, etc.)

100 g de noisettes

2 cuil. à soupe d'huile d'olive

90 g de beurre salé en morceaux

1. Portez à ébullition une grande casserole d'eau salée. Ajoutez les morceaux de pommes de terre et faites-les cuire jusqu'à ce qu'ils soient tendres et que la pointe d'un couteau y pénètre sans résistance. Retirez la casserole du feu et égouttez les pommes de terre.
2. Dans un grand récipient, mélangez soigneusement les pommes de terre encore tièdes avec les légumes variés. Écrasez bien à l'aide d'une cuillère en bois ou d'un presse-purée à main. Ajoutez les noisettes et mélangez à nouveau.
3. Faites chauffer une grande poêle antiadhésive à feu moyen. Versez-y l'huile d'olive, puis ajoutez 60 g de beurre. Dès que le beurre mousse, versez le mélange de légumes. Égalisez dans la poêle et laissez cuire en surveillant pendant une dizaine de minutes.
4. Retournez le mélange dans une grande assiette. Incorporez les morceaux qui seraient restés dans la poêle. Remettez la poêle sur le feu, ajoutez le reste de beurre et faites-y glisser le mélange de légumes, face non cuite en dessous. Nivelez à nouveau la surface pour former une galette épaisse.
5. Laissez cuire à feu moyen-doux pendant environ 20 min. Servez-vous d'une spatule pour soulever et vérifiez que la face inférieure est bien dorée. Dès que c'est le cas, couvrez la poêle d'une grande planche à découper ou d'une plaque à pâtisserie et, en tenant la planche ou la plaque, retournez l'ensemble pour « démouler » la galette de la poêle. Servez avec des œufs au plat ou brouillés.

Note | Cette recette peut être réalisée en version végétarienne en remplaçant « Les super choux à la Chourave » (page 45) par des légumes rôtis.

Les rues enneigées de Pré-au-Lard
telle une carte de Noël dans
Harry Potter et le Prisonnier d'Azkaban.

Pour 4 personnes

FLAN SAUCISSE
à la Londubat

Neville Londubat égare sans cesse son crapaud Trevor. Le batracien disparaît lors de leur premier voyage à bord du Poudlard Express avant que l'élève de première année ne le retrouve devant l'entrée de la Grande Salle dans *Harry Potter à l'École des Sorciers*. Trevor, qui fut interprété par quatre crapauds différents, disposait d'un terrarium pour se reposer entre les prises de vue. Reste que le dernier endroit où on le chercherait, c'est dans ce plat traditionnel britannique appelé « Toad in a hole » (« Crapaud dans son trou »). Malgré son nom, ce plat n'accommode pas du batracien mais doit sa désignation à la ressemblance des saucisses avec la tête des crapauds sortant de leur terrier.

« Vous n'auriez pas vu un crapaud ? Un garçon qui s'appelle Neville a perdu le sien. »

— Hermione Granger, *Harry Potter à l'École des Sorciers*

INGRÉDIENTS

Pour la pâte

25 cl de lait

1 cuil. à soupe de sauce Worcestershire

1 cuil. à café de moutarde de Dijon

3 œufs

115 g de farine

1 pincée de sel

Poivre frais moulu à votre goût

Pour les saucisses

2 cuil. à soupe d'huile végétale

2 cuil. à soupe de feuilles de sauge ciselées

500 g de saucisses

1. Préchauffez le four à 200 °C (th. 6-7). Si possible, n'utilisez pas de four à convection, car le flux empêche parfois le Yorkshire pudding de lever.
2. **Préparation de la pâte :** dans un grand récipient, fouettez ensemble le lait, la sauce Worcestershire, la moutarde et les œufs jusqu'à obtenir un mélange homogène. Dans un autre récipient, mélangez la farine, le sel et le poivre moulu. Incorporez à ce mélange celui à base d'œufs à l'aide d'un fouet, en veillant à ce que le résultat ne contienne pas de grumeaux. Laissez reposer.
3. **Préparation des saucisses :** faites chauffer un poêlon pouvant aller au four (en fonte, de préférence) de taille moyenne à feu vif. Versez-y quelques gouttes d'huile et, quand celle-ci est chaude, ajoutez les saucisses et la sauge. Retournez les saucisses afin qu'elles soient bien dorées sur toutes leurs faces. Retirez le poêlon du feu et déposez les saucisses dans une assiette.
4. Versez la pâte dans le poêlon et déposez les saucisses sur la pâte en les espaçant un peu. Placez le poêlon dans le four et laissez cuire au moins 20 min sans ouvrir la porte. Sortez le poêlon lorsque les saucisses sont dorées et gonflées. Servez immédiatement.
5. Ce plat se marie parfaitement avec des œufs brouillés ou au plat.

Pour 2 parts
Notes diététiques : V, SG*

TOASTS FOUDROYÉS PAR L'ÉLU
et leurs œufs mollets

Quand Harry Potter, l'Élu, était encore bébé, le Seigneur des Ténèbres, Voldemort, lui a lancé le sort *Avada Kadavra* qui laissa une cicatrice en forme d'éclair sur le côté droit de son front. Au fil du tournage des huit films, la cicatrice fut appliquée plus de 2 000 fois sur le front de l'acteur Daniel Radcliffe. Ces œufs mollets traités avec précaution nous ramènent à la première fois que nous voyons Harry bébé dans *Harry Potter à l'École des Sorciers*, au moment où Dumbledore le dépose délicatement sur le perron des Dursley. Chaque tranche de pain toastée que l'on pose dessus est marquée d'un éclair.

INGRÉDIENTS

- 2 noisettes de beurre salé, et un petit supplément pour les toasts
- 2 pincées de fromage râpé
- 2 gros œufs
- 1 cuil. à soupe de ciboulette ciselée
- Poivre fraîchement moulu
- 2 tranches de pain de mie

Ustensiles

- 2 pochoirs à œufs ou 2 ramequins larges
- 1 grande casserole avec couvercle et grille ou 1 torchon propre
- 1 emporte-pièce en forme d'éclair

« Et tu as vraiment une… une…

— Une quoi ?

— Une cicatrice. »

— Ron Weasley et Harry Potter,
Harry Potter à l'École des Sorciers

1. **Préparation des œufs :** déposez la grille ou le torchon replié au fond de la casserole, puis placez dessus les pochoirs à œufs ou les ramequins. Versez de l'eau dans la casserole jusqu'au milieu de la hauteur des pochoirs. Ressortez ceux-ci de la casserole et portez l'eau à ébullition à feu moyen-vif.
2. Pendant que l'eau chauffe, beurrez chaque pochoir avec une noisette de beurre salé. Déposez 1 pincée de fromage râpé dans le fond de chaque pochoir. Cassez les œufs et déposez avec délicatesse chacun d'entre eux dans un pochoir. Ajoutez une noisette de beurre et la moitié de la ciboulette. Saupoudrez d'un peu de poivre moulu, à votre goût.
3. Refermez chaque pochoir et, une fois que l'eau bout, placez-les dans la marmite. Couvrez immédiatement et réduisez le feu pour laisser cuire à petit bouillon 8 à 10 min ou jusqu'à ce que les œufs aient pris la fermeté attendue.
4. **Préparation des toasts :** beurrez chaque face des tranches de pain et découpez-les pour leur donner la forme d'un éclair. Faites chauffer une poêle antiadhésive et faites dorer les tranches de chaque côté. Servez immédiatement en posant un pochoir flanqué de deux éclairs sur une petite assiette.

Note | Cette recette peut être réalisée sans gluten en utilisant du pain sans gluten.

SOUPES ET ENTRÉES

Pour 1,5 kg de noix,
soit environ 20 portions
Notes diététiques : SG, V

NOIX ÉPICÉES DE NOËL
du Club de Slug

Très exclusif, le Club de Slug fondé par le Professeur Slughorn rassemble des élèves doués, distingués et promis à de brillantes carrières. L'un des événements organisés par Slughorn est la fête de Noël lors de laquelle on sert ses hors-d'œuvre préférés : brochettes de fruits, petits tacos aux légumes hachés, bretzels et bols de noix. Cette version où les noix sont épicées apporte un peu de chaleur durant la période hivernale grâce à un mélange de cacahuètes, de noix de cajou et de noix de pécan, enrobées de poivre de Cayenne et de garam masala, mélange d'épices indiennes qui réchauffe.

« Continuez, continuez... Amusez-vous ! »
— Horace Slughorn,
Harry Potter et le Prince de Sang-Mêlé

INGRÉDIENTS

- 75 g de cassonade
- 1 cuil. à soupe de gros sel marin
- 1 cuil. à soupe de poivre de Cayenne
- ½ cuil. à soupe de garam masala
- 2 blancs d'œufs ou 4 cuil. à soupe de blanc d'œuf
- 500 g de cacahuètes grillées et non salées
- 500 g de noix de cajou grillées et non salées
- 250 g de cerneaux de noix de pécan torréfiées et non salées

1. Préchauffez le four à 150 °C (th. 5) et recouvrez deux plaques à pâtisserie d'une feuille de papier sulfurisé.
2. Dans un grand récipient, fouettez ensemble la cassonade, le sel, le poivre de Cayenne et le garam masala. Incorporez les blancs d'œufs et fouettez jusqu'à ce qu'ils soient parfaitement combinés en une pâte épaisse.
3. Ajoutez les cacahuètes, les noix de cajou et les cerneaux de noix de pécan. Mélangez afin que tout soit enrobé de façon uniforme. Répartissez ce mélange sur les plaques à pâtisserie en couches les moins épaisses possible. Mettez à cuire 25 à 30 min. Sortez les plaques à mi-cuisson et retournez-les pour obtenir une cuisson uniforme.
4. Laissez refroidir avant de transférer les noix dans une boîte hermétique où vous pourrez les conserver jusqu'à 1 semaine.

Conseil | Pour casser plus facilement les amas de noix, enroulez sur lui-même le papier sulfurisé alors qu'il contient encore les noix cuites.

Pour 12 œufs à la diable
Notes diététiques : SG, V

EN-CAS
du chaudron bouillonnant

Ces œufs cuits en forme de chaudron « bouillonnent » avec de la ciboulette, des petits pois et de la crème de raifort en une concoction qui rendrait fier tout préparateur de potion. Pour les films, les accessoiristes ont créé plus de 200 chaudrons contenant les potions que les élèves du Professeur Slughorn doivent reconnaître. Hermione Granger identifie les trois. L'une est le Veritaserum, un sérum de vérité. La suivante est le Polynectar et, dans le troisième chaudron, elle reconnaît l'Amortentia, un philtre d'amour libérant des odeurs perçues différemment par chaque personne. Dans les volutes nacrées qui s'élèvent du chaudron, Hermione sent un parfum d'herbe fraîchement coupée, de parchemin neuf et de dentifrice à la menthe.

> **« Tous les élèves devront obligatoirement se munir d'un chaudron en étain, modèle standard, taille 2. »**
>
> — Liste de fournitures de Poudlard, *Harry Potter à l'École des Sorciers*

Suite à la page 26

Suite de la page 25

INGRÉDIENTS

6 œufs
12 cl de vinaigre de riz
3 ou 4 gouttes de colorant alimentaire noir
115 g de petits pois cuits à l'anglaise
45 g de crème fraîche
1 cuil. à café de crème de raifort
1 cuil. à soupe de ciboulette ciselée, et un petit supplément pour le service
1 pincée de sel
1 pincée d'ail en poudre
Pics à olive aplatis (facultatif)

Note | Les œufs peuvent être préparés 1 jour à l'avance. Une fois qu'ils sont cuits et coupés, conservez les blancs teints et les jaunes dans deux récipients séparés et assemblez-les au moment de servir.

1. **Cuisson des œufs :** déposez les œufs dans une casserole assez grande pour les accueillir tous en une couche. Si ce n'est pas possible, il faudra faire plusieurs tours de cuisson. Recouvrez les œufs d'eau froide. Placez la casserole sur un feu moyen-vif et portez l'eau à ébullition. Dès qu'elle bout, retirez la casserole du feu, couvrez-la et laissez reposer 5 à 6 min selon que vous vouliez des jaunes d'œufs plus ou moins fermes. Pendant ce temps, remplissez un grand récipient d'eau froide et ajoutez-y des glaçons. Lorsque les œufs sont cuits, plongez-les dans l'eau glacée et laissez-les 2 à 3 min.
2. Écalez les œufs, puis coupez-les en deux. Coupez quelques millimètres à la base du blanc afin que les œufs soient stables. Retirez les jaunes et conservez-les au réfrigérateur dans une boîte hermétique.
3. Mélangez le vinaigre et le colorant alimentaire avec 70 cl d'eau dans un récipient assez grand pour accueillir les blancs d'œufs en une seule couche. Déposez les blancs d'œufs dans ce plat et immergez-les afin qu'ils se remplissent de la préparation colorée. Posez dessus une feuille de papier sulfurisé ou un tapis de cuisson en silicone afin qu'ils restent dans l'eau. Laissez-les tremper ainsi 5 à 10 min pour obtenir la couleur souhaitée. L'idée est qu'ils ressemblent à de petits chaudrons.
4. Recouvrez une plaque à pâtisserie de plusieurs feuilles de papier absorbant. À l'aide d'une écumoire, sortez les blancs d'œufs du bain colorant et déposez-les sur le papier absorbant, côté ouvert vers le bas. Laissez-les sécher pendant que vous préparez la garniture.
5. Dans le bol d'un mixeur, versez les petits pois cuits, la crème fraîche, la crème de raifort, la ciboulette, le sel et l'ail en poudre. Battez la préparation environ 1 min, jusqu'à ce qu'elle soit bien homogène. Ajoutez les jaunes d'œufs puis battez à nouveau une trentaine de secondes jusqu'à ce qu'ils soient bien incorporés.
6. Disposez les blancs d'œufs dans un plat et, à l'aide d'une petite cuillère ou avec une poche à douille, remplissez chacun d'entre eux d'un peu de préparation aux petits pois. La garniture doit être légèrement bombée dans chaque œuf. Éventuellement, plantez dans chaque œuf un pic à olive préalablement aplati qui fera office de « cuillère ». Servez immédiatement.

Pour 4 portions
Notes diététiques : SG*

STEAK TARTARE
du Suédois à museau court

Dans le choix d'entrées proposé au Club de Slug d'Horace Slughorn lors des fêtes de Noël, est servi un tartare qui, hélas, gâte énormément l'haleine une fois mangé. Hermione en déguste d'ailleurs un peu afin de freiner les avances indésirables de Cormac McLaggen. Le tartare de filet mignon que nous vous proposons est inspiré de ce hors-d'œuvre douteux, mais n'en a pas le goût. Cette version est idéale pour se réchauffer par temps froid grâce à un mélange de poudre de piment rouge et de wasabi dont un dragon apprécierait les saveurs ardentes.

> **« De merveilleuses créatures, les dragons, hein Harry ? »**
>
> — Alastor « Fol Œil » Maugrey, *Harry Potter et la Coupe de Feu*

INGRÉDIENTS

- 30 g de filet mignon de bœuf
- 2 cuil. à soupe d'échalote finement ciselée
- ½ cuil. à café de piment rouge en poudre
- ½ cuil. à café de wasabi
- 1 cuil. à café de zeste de citron
- 1 cuil. à café de gros sel marin
- 1,5 cuil. à café de vinaigre de riz
- 1 jaune d'œuf à température ambiante
- 2 cuil. à soupe d'huile d'olive
- Tranches de baguette grillées ou des biscuits salés pour le service

1. Parez le bœuf en enlevant toute la graisse, les nerfs, etc., puis coupez-le en dés de 2 cm. Placez la viande sur une assiette et mettez-la au congélateur une dizaine de minutes.
2. Mélangez l'échalote, le piment rouge, le wasabi, le zeste de citron, le sel, le vinaigre de riz et le jaune d'œuf dans un grand récipient. Fouettez pour rendre le tout homogène, puis incorporez l'huile d'olive afin d'obtenir une vinaigrette bien lisse.
3. Ressortez la viande du congélateur et, par petites quantités, hachez-la menu au couteau. Incorporez-la à la vinaigrette et servez immédiatement avec les tranches de baguette grillées ou les biscuits salés.

Note | Cette recette peut être réalisée sans gluten en la servant avec de la baguette ou des biscuits salés sans gluten.

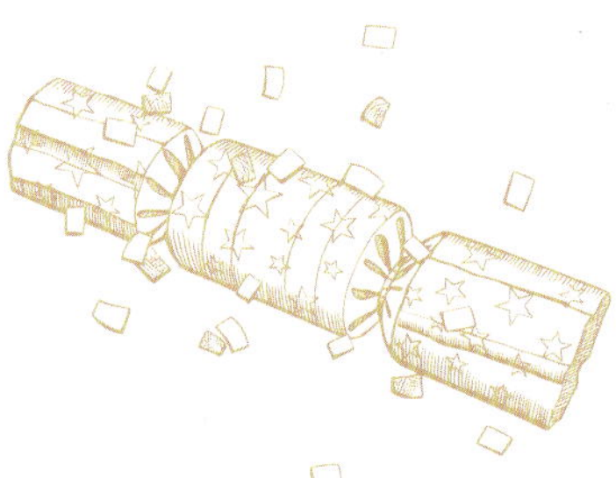

Pour 6 personnes
Notes diététiques : SG

COCKTAIL DE CREVETTES
du Bal de Noël

Pour la scène du Bal de Noël vue dans *Harry Potter et la Coupe de Feu,* la décoratrice en chef Stephenie McMillan eut l'idée de déposer des fruits de mer sur de la glace afin de s'accorder à l'ambiance des fêtes de fin d'année. Ce Bal de Noël est un événement particulier pour plusieurs raisons. C'est à cette occasion que Hermione Granger, vêtue d'une robe rose créée à partir de plus de dix mètres de mousseline et de soie, déclara que si Ron était jaloux de son cavalier, il aurait dû l'inviter en premier.

> **« Le Bal de Noël est une tradition du Tournoi des Trois Sorciers depuis son commencement. »**
>
> — Minerva McGonagall,
> *Harry Potter et la Coupe de Feu*

INGRÉDIENTS

Pour la sauce

250 g de yaourt grec

60 g de mayonnaise

1 cuil. à café de curry en poudre

½ cuil. à café de sel

1 pincée de poivre de Cayenne

Pour les crevettes

500 g (soit 16 à 20 pièces) de crevettes entières crues

1 l de bouillon de légumes à faible teneur en sodium

1 petit citron coupé en deux et 2 autres coupés en quartiers pour la décoration

2 feuilles de laurier

1 cuil. à soupe de poivre en grains

2 gousses d'ail pelées et écrasées

1. **Préparation de la sauce :** dans un récipient muni d'un couvercle, mélangez le yaourt, la mayonnaise, le curry, le sel et le poivre de Cayenne. Couvrez et mettez au réfrigérateur au moins 30 min ou jusqu'au moment de servir afin de laisser la préparation gagner en saveur.
2. **Préparation des crevettes :** à l'aide d'une paire de ciseaux de cuisine, ouvrez le dos des crevettes en veillant à laisser les queues intactes. Déveinez chaque queue en enlevant le petit trait noir au centre. N'enlevez pas les carapaces.
3. Dans une grande marmite posée sur un feu moyen-vif, versez le bouillon de légumes, les citrons coupés en deux, les feuilles de laurier, le poivre en grains et les gousses d'ail. Portez à ébullition, baissez le feu, ajoutez les crevettes et couvrez. Laissez mijoter 3 à 5 min, jusqu'à ce que les crevettes soient roses et opaques. À l'aide d'une pince, transférez les crevettes sur un plateau. Dès qu'elles sont suffisamment froides pour être manipulées, épluchez les crevettes et mettez-les au frais au moins 30 min avant de les servir. Elles peuvent être préparées la veille et être conservées au réfrigérateur dans un récipient hermétique.
4. Au moment de servir, mettez la sauce dans un petit bol au centre d'un plat. Disposez les crevettes avec goût tout autour avant de décorer avec les quartiers de citron.

Pour 32 pièces ou 8 parts
Notes diététiques : SG, V*, V+*

AMUSE-GUEULES ROULÉS
de Slughorn

Pour la réunion de Noël de son club, Horace Slughorn a choisit d'assortir les décorations de la salle aux tons rouge et vert de sa robe de professeur. Pour le film, le lieu a été créé en reprenant le décor de la Salle sur Demande dont les colonnes ont été dissimulées derrière des pans de tissu de soie grattée vert jade. Parmi les plats disposés sur les tables recouvertes de rouge, se trouvent des plateaux de sushis enveloppés dans du nori vert, nous ramenant aux couleurs traditionnelles des fêtes de Noël.

> **« Écoutez-moi Harry, dans le temps, j'aimais bien organiser de temps à autre de petites soirées pour quelques élèves triés sur le volet… Vous seriez partant ? »**
>
> — Horace Slughorn,
> *Harry Potter et le Prince de Sang-Mêlé*

INGRÉDIENTS

400 g de riz à sushi
2 cuil. à café de vinaigre de riz
1 cuil. à café de sel
115 g de chair de crabe ou de crevettes cuites et hachées
1 cuil. à soupe de mayonnaise
½ cuil. à café de sauce sriracha
1 cuil. à café de ciboulette ciselée
½ cuil. à café d'oignon semoule
4 feuilles de nori
2 petits concombres persans coupés en julienne
½ avocat coupé en fines tranches
2 cuil. à café de câpres

Ustensiles
1 tapis à sushis
1 rice cooker

1. Cuisez le riz dans le rice cooker ou selon les instructions de l'emballage. Lorsqu'il est prêt, étalez-le sur une plaque à pâtisserie à l'aide d'une palette à riz ou d'une cuillère en bois plate, arrosez-le de vinaigre de riz et de sel puis rassemblez-le délicatement à l'aide de la palette à riz. Une fois l'assaisonnement à votre goût, étalez-le une dernière fois et réservez.
2. Mélangez le crabe ou les crevettes avec la mayonnaise, la sauce sriracha, la ciboulette et l'oignon semoule.
3. Prenez une première feuille de nori, posez-la sur le tapis à sushi, côté le plus long près de vous. Avec les mains légèrement humides, étalez environ 130 g de riz sur la feuille de nori d'un bord à l'autre, mais en laissant une bordure d'environ 2 cm vers le bord le plus éloigné de vous. Déposez la moitié du mélange de fruits de mer au centre du riz. Roulez la natte dans un mouvement qui s'éloigne de vous. Pressez la garniture pour créer un rouleau ferme. Soulevez le haut de la natte et, avec votre doigt, pressez la bande de nori sans garniture contre le rouleau. Retirez la natte.
4. Répétez ces étapes d'abord avec les fruits de mer afin d'obtenir deux rouleaux. Ensuite, faites de même avec les légumes en utilisant la moitié du concombre, de l'avocat et 1 cuil. à café de câpres pour chaque rouleau. Une fois tous ceux-ci préparés, à l'aide d'un couteau bien aiguisé, découpez 8 morceaux égaux dans chaque rouleau. Disposez l'ensemble sur un plateau et servez immédiatement accompagné d'une petite coupelle de sauce soja si vous le souhaitez.

Note | La garniture aux fruits de mer peut être adaptée selon les besoins des convives. N'hésitez pas à faire preuve de créativité en remplaçant des ingrédients par du saumon fumé, du bœuf cuit découpé en tranches fines ou encore du tobiko, des œufs de poisson-volant.

Course de traîneaux sur le lac gelé durant les fêtes de Noël, dessin préliminaire de *Harry Potter et la Chambre des Secrets* par Adam Brockbang.

Pour 2,5 l soit environ 6 portions
Notes diététiques : SG, V

VICHYSSOISE
de Nicolas Flamel

Dans la première aventure d'Harry Potter, Nicolas Flamel est présenté comme un alchimiste de 665 ans, détenteur de la seule Pierre Philosophale connue. La vichyssoise proposée ici est la version américaine d'un classique de la gastronomie française fait de pommes de terre et de poireaux, servi froid plutôt que chaud. S'il n'existe qu'une seule pierre, les accessoiristes du film en ont créé plusieurs d'un chaud rouge rubis. Harry a été surpris de trouver la pierre dans sa poche et vous serez étonné de trouver au fond de votre bol une tomate rôtie bien rouge, de la même couleur que la pierre de l'alchimiste.

INGRÉDIENTS

Pour la vichyssoise
4 gros poireaux
90 g de beurre doux
1 cuil. à soupe d'huile d'olive
1 cuil. à café de gros sel marin, et un petit supplément pour l'assaisonnement
500 g de pommes de terre épluchées et coupées en cubes
1,25 l de bouillon de légumes
250 g de crème épaisse
½ cuil. à café de poivre blanc moulu

Pour les tomates philosophales
8 tomates campari
1 cuil. à soupe d'huile d'olive
Jusqu'à 1 cuil. à café de sel

« La seule pierre qui existe de nos jours appartient à M. Nicolas Flamel, l'illustre alchimiste, qui a fêté récemment son six cent soixante-cinquième anniversaire. »

— Hermione Granger, *Harry Potter à l'École des Sorciers*

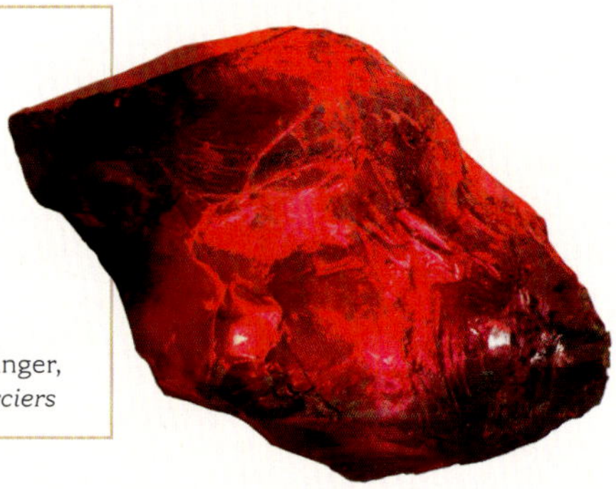

1. **Préparation de la soupe :** coupez finement les parties vertes et blanches des poireaux, mettez-les dans une grande passoire et rincez-les avec soin.
2. Dans une grande casserole, mélangez à feu moyen le beurre, l'huile d'olive et 1 cuil. à café de sel. Lorsque le beurre est complètement fondu, ajoutez les poireaux et cuisez-les en remuant fréquemment jusqu'à ce qu'ils aient ramolli sans brunir, soit pendant 10 à 15 min.
3. Ajoutez les pommes de terre et remuez pour les enrober, puis versez le bouillon de légumes. Augmentez à feu vif pour porter le bouillon à ébullition. Dès qu'il bout, réduisez le feu pour laisser mijoter à feu doux. Laissez cuire 30 min jusqu'à ce que les pommes de terre soient très tendres.
4. Retirez la casserole du feu et mixez le tout à l'aide d'un mixeur plongeant, jusqu'à ce que le mélange soit complètement lisse. Ajoutez la crème épaisse, puis assaisonnez à votre goût de poivre blanc et de sel.
5. **Préparation des tomates philosophales :** pendant que la soupe mijote, préchauffez le four à 200 °C (th. 6-7).
6. Placez les tomates sur une plaque à pâtisserie, pédoncules vers le bas, et enduisez-les d'huile d'olive. Faites-les griller pendant 10 à 15 min, jusqu'à ce qu'elles soient ramollies et fendues. Sortez la plaque du four, retirez la peau des tomates à l'aide d'un petit couteau pointu et saupoudrez chacune d'une pincée de sel.
7. Pour servir, placez une tomate au fond d'un bol puis versez la soupe.

Remarque | La soupe vichyssoise peut être servie chaude ou froide. Les restes peuvent être conservés dans une boîte hermétique jusqu'à 3 jours. Les tomates rôties peuvent être conservées dans un récipient séparé jusqu'à 3 jours.

Pour environ 3 l
ou 8 parts
Notes diététiques : SG, V, V+

RAGOÛT DE POTIRON
d'Hagrid

Derrière la cabane d'Hagrid se trouve un magnifique champ de citrouilles, le lieu idéal où trouver l'ingrédient principal de ce ragoût nourrissant, plein des meilleurs légumes d'hiver. Ce jardin était l'un des endroits où se reposait son hippogriffe, Buck. Il aurait donc pu grignoter les légumes qui y poussaient. Dans le film *Harry Potter et le Prisonnier d'Azkaban*, les scènes du champ de citrouilles ont été filmées sur une colline des Highlands, en Écosse. Le Buck assis en animatronic, sorte de pantin articulé très perfectionné, a été monté sur des rails posés sur le gazon boueux, car il a plu presque tous les jours pendant le tournage. Un ragoût comme celui-ci est un excellent moyen d'égayer votre journée, peu importe la météo.

> **« Poudlard ne peut se passer de vous, Hagrid. »**
>
> — Harry Potter,
> *Harry Potter et la Chambre des Secrets*

INGRÉDIENTS

- 1 botte de blettes arc-en-ciel
- 1 cuil. à soupe d'harissa en poudre
- 450 g de pois chiches cuits et égouttés
- 2 cuil. à soupe d'huile d'olive
- 1 oignon jaune ciselé
- 2 poivrons rouges évidés, épépinés et coupés en petits dés
- 2 cuil. à café de sel
- 1,5 l de bouillon de légumes
- 170 g de concentré de tomates
- 750 g à 1 kg de potiron ou de courge d'hiver comme la Pepo, la Kabocha ou la Jarrahdale.

1. Détachez les feuilles et les tiges des blettes. Rincez les tiges et coupez-les en petits dés.
2. Dans une grande marmite posée sur un feu moyen-vif, versez la harissa en poudre et les pois chiches. Laissez cuire 2 à 3 min en remuant jusqu'à ce que la harissa exhale son parfum et que les pois chiches aient séché.
3. Ajoutez l'huile d'olive, remuez, puis ajoutez l'oignon, le poivron et les morceaux de tiges de blettes. Faites suer 2 à 3 min de plus jusqu'à ce que l'oignon commence à fondre. Ajoutez le sel et poursuivez la cuisson 3 à 4 min supplémentaires jusqu'à ce que les légumes libèrent leur jus et déglacent le fond de la marmite.
4. Versez le bouillon de légumes et le concentré de tomates. Mélangez puis ajoutez les morceaux de potiron et laissez mijoter pendant 20 à 30 min, jusqu'à ce que le potiron soit tendre.
5. Au moment de servir, rincez les feuilles de blettes, ciselez-les grossièrement et incorporez-les à la soupe. Laissez-les cuire 1 min et servez sans attendre.
6. Ce ragoût peut être préparé jusqu'à 1 jour à l'avance et être réfrigéré dans un récipient hermétique jusqu'au moment de le servir.

Remarque | Si vous préparez le ragoût à l'avance, laissez les feuilles de blettes de côté jusqu'au moment de servir. Réchauffez la soupe, ajoutez les feuilles, remuez et laissez cuire pendant 1 min.

Pour 1 l ou 4 parts
Notes diététiques : SG*, V, V+*

SOUPE DE TOMATES RÔTIES
au fromage toasté à la Marmite

Une soupe de tomates rôties réconfortante accompagnée d'un toast au fromage et à la Marmite® est un repas britannique emblématique qui pourrait figurer au menu du Chaudron Baveur. Après tout, quand on s'inspire d'un chaudron, quoi de plus normal que de proposer une soupe ? Plusieurs potages sont mentionnés sur l'enseigne créée par le département graphique de *Harry Potter à l'École des Sorciers*, dont la Soupe Maison Baveuse, la Baveuse Soupe Maison et la Soupe Baveuse Maison. Cette soupe à la tomate est accompagnée d'un toast au fromage fondu agrémenté de Marmite®, pâte à tartiner savoureuse confectionnée à base de levure de bière riche, de concentré de légumes, de céleri et d'épices.

INGRÉDIENTS

Pour la soupe

1 kg de tomates Roma

2 cuil. à soupe d'huile d'olive

1 cuil. à café de sel de mer

1 oignon jaune grossièrement haché

3 gousses d'ail pelées et écrasées

6 cl de vinaigre balsamique

50 cl de bouillon de légumes

12 cl de boisson lactée à l'avoine non sucrée

Pour les sandwichs

8 tranches de pain blanc

3 cuil. à soupe de beurre doux

4 cuil. à café de Marmite®

170 g de fromage finement râpé

« Le Chaudron Baveur ! Si tu prends de la soupe aux pois, mange-la vite avant qu'elle te mange ! »

— La tête réduite du Magicobus, *Harry Potter et le Prisonnier d'Azkaban*

1. **Préparation de la soupe :** préchauffez le four à 230 °C (th. 7-8) en plaçant la grille dans le tiers supérieur du four.
2. Coupez les tomates en deux, puis retirez presque toute la chair et les pépins. Placez les tomates sur une plaque à pâtisserie, côté coupé vers le bas, salez-les et enduisez-les d'un peu d'huile d'olive. Enfournez-les 15 à 20 min, jusqu'à ce que la peau soit fripée et que les tomates aient ramolli.
3. Pendant ce temps, faites chauffer une marmite moyenne à feu moyen-vif avec l'huile d'olive restante. Une fois chaude, ajoutez l'oignon et l'ail. Laissez cuire en remuant fréquemment jusqu'à ce que les oignons aient fondu et commencent à brunir.
4. Versez le vinaigre balsamique dans la marmite et déglacez-en le fond. Réduisez le feu et laissez mijoter les oignons pour faire évaporer la majeure partie du liquide.
5. Ajoutez les tomates rôties et le bouillon de légumes, puis laissez mijoter 15 à 20 min, jusqu'à ce que les gousses d'ail soient très tendres et que le mélange ait légèrement épaissi.
6. À l'aide d'un mixeur plongeant, réduisez le contenu de la casserole en purée jusqu'à obtenir un mélange bien lisse. Ajoutez la boisson lactée à l'avoine et remuez.
7. La soupe peut être conservée au froid jusqu'à 3 jours dans un récipient hermétique.

Remarque | Si vous n'avez pas de mixeur plongeant, laissez la soupe refroidir pendant une trentaine de minutes, puis mélangez avec soin dans un mixeur jusqu'à l'obtention d'une texture lisse. Réchauffez et incorporez la boisson lactée à l'avoine.

8. **Préparation des sandwichs :** coupez la croûte de toutes les tranches de pain. Étalez du beurre sur une face de chaque tranche et toastez-les dans une grande poêle à feu moyen-vif pour les dorer.
9. Retirez la poêle du feu et tartinez environ 1 cuil. à café de Marmite® sur le côté beurré des toasts.
10. Déposez environ 30 g de fromage râpé sur un côté du pain, puis recouvrez par une tranche couverte de Marmite®, pâte à tartiner vers le bas. Utilisez le reste du beurre pour les faces extérieures de chaque sandwich. Placez-les dans la poêle par un ou deux et grillez-les environ 2 min par face pour les dorer.
11. Coupez chaque sandwich en deux pour obtenir un triangle et servez immédiatement avec un bol de soupe chaude.

Note | Il est possible de rendre cette recette végétalienne en utilisant une pâte à tartiner et du fromage à base de plantes. Utilisez du pain sans gluten pour une option sans gluten.

PAINS ET ACCOMPAGNEMENTS

Pour 8 à 10 parts
Notes diététiques : V

COURONNE DE FÊTE
du Terrier

Dans *Harry Potter et le Prince de Sang-Mêlé*, Harry passe Noël chez les Weasley, dans leur maison à l'architecture… complexe, Le Terrier. La famille aux cheveux roux a toujours réservé un accueil chaleureux au meilleur ami de Ron. « En termes d'amour et d'amitié, les Weasley sont la seule véritable famille que possède Harry », déclare Julie Walters qui interprète Molly, la mère de famille. L'amour qui en unit les membres est flagrant (même si Percy est parfois en retrait) et il n'est pas surprenant qu'ils ouvrent leur demeure à tous durant les fêtes. Cette couronne de Noël comestible aux « baies » de poivrons rouges rôtis et au pesto est une façon délicieuse de présenter ses meilleurs vœux à tous.

> **« C'est pas le grand luxe,**
> **mais c'est chez nous.**
> **— Je trouve ça merveilleux. »**
>
> — Ron Weasley et Harry Potter,
> *Harry Potter et la Chambre des Secrets*

Suite à la page 44

INGRÉDIENTS

Pour la pâte
18 cl de lait entier tiède (à 45 °C)
1 cuil. à soupe de sucre
1 sachet de levure instantanée
345 g de farine
3 cuil. à soupe d'huile d'olive, plus de quoi huiler un récipient
1 œuf
1 cuil. à café de sel casher

Pour le pesto
150 g de noix concassées
1 poignée de feuilles de roquette
8 à 10 feuilles de basilic
¼ de cuil. à café d'ail semoule
½ cuil. à café de sel
2 cuil. à café d'huile d'olive

Pour confectionner la couronne
1 cuil. à soupe d'huile d'olive
55 g de parmesan râpé
2 poivrons marinés (facultatif)
2 boules de mozzarella (facultatif)
2 feuilles de roquette (facultatif)

Remarque | Vous pouvez farcir de mozzarella des poivrons supplémentaires et les servir dans un bol à part.

Suite de la page 43

1. **Préparation de la pâte :** mélangez le lait, le sucre et la levure dans un petit récipient. Une fois prêt, réservez jusqu'à ce que la pâte devienne mousseuse, soit environ 5 min.
2. Pendant que levure s'active, versez la farine, l'huile d'olive, l'œuf et le sel dans le bol d'un batteur équipé d'un crochet de pétrissage. Mélangez à faible vitesse juste le temps de combiner les ingrédients.
3. Une fois que la levure mousse, incorporez-la à basse vitesse au mélange dans le batteur et laissez tourner jusqu'à ce que la pâte se constitue, soit environ 5 min. Si le résultat vous semble trop humide, ajoutez 1 cuil. à soupe de farine afin qu'elle se rassemble. Une fois que la pâte se détache des parois du bol, continuez à la pétrir encore 5 min. jusqu'à ce qu'elle soit bien élastique.
4. Huilez les parois d'un grand récipient et placez-y la pâte. Couvrez d'une serviette et laissez lever la pâte pendant 1 h à 1 h 30, ou jusqu'à ce qu'elle ait doublé de volume.
5. **Pendant ce temps, préparez le pesto :** versez les noix dans le bol d'un hachoir électrique et donnez 2 à 3 impulsions. Ajoutez la roquette et les feuilles de basilic et hachez à nouveau pour que l'ensemble soit bien mélangé. Ajoutez l'ail semoule, le sel et l'huile d'olive. Hachez à nouveau jusqu'à obtenir une pâte épaisse, soit environ 1 min. Transférez dans un récipient hermétique et déposez au réfrigérateur jusqu'à utilisation.
6. **Confection de la couronne :** déposez une feuille de papier sulfurisé ou un tapis de cuisson en silicone sur une plaque à pâtisserie.
7. Étalez la pâte levée sur une surface légèrement farinée pour obtenir un rectangle faisant environ 50 x 25 cm. Badigeonnez la surface avec 1 cuil. à soupe d'huile d'olive, puis étalez-y uniformément le pesto. Saupoudrez toute la surface de parmesan râpé.
8. Repliez 1 cm du bord long sur lui-même, puis continuez à rouler pour constituer un rouleau bien serré. Cela fait, pincez les extrémités pour les fermer. Avec un couteau aiguisé, coupez le rouleau en deux dans le sens de la longueur. Ouvrez-le pour avoir la garniture vers le haut et entrelacez les deux parties comme pour confectionner une tresse.
9. Déposez délicatement cette tresse sur la plaque à pâtisserie et faites-en une couronne. Pincez les extrémités pour les lier. Éventuellement, récupérez la garniture qui serait tombée lors du transfert de la tresse et saupoudrez-en la couronne en insistant sur la jonction des extrémités.
10. Couvrez d'un film alimentaire et laissez reposer 15 min. Préchauffez le four à 200 °C (th. 6-7) puis enfournez la plaque à pâtisserie pour 25 à 30 min de cuisson, jusqu'à ce que votre couronne soit bien dorée. Sortez la plaque du four et laissez la couronne refroidir au moins 15 min avant de décorer et de servir.
11. Pour la décoration, farcissez chaque poivron d'une boule de mozzarella pour lui donner du volume et maintenez l'ensemble sur la couronne à l'aide de pics en bois. Créez l'apparence du houx en déposant des feuilles de roquette sur le côté.

LES SUPER CHOUX
à la Chourave

Pomona Chourave est professeur de botanique à Poudlard. Elle enseigne dans des serres regroupant toutes sortes de plantes qui fournissent les ingrédients des potions et des boissons. Certaines plantes, comme les choux de Bruxelles de cette recette, sont savoureuses et nutritives. Afin que vos choux soient aussi délicieux que ceux de Mme Chourave, retirez les feuilles extérieures les plus épaisses car elles sont souvent plus amères que le reste de la plante. Nous vous conseillons aussi de bien laver les choux. Dans cette recette, le bacon apporte une touche salée et les canneberges séchées offrent un soupçon de douceur.

« Bienvenue dans la serre numéro 3, les deuxième année. »

— Pomona Chourave,
Harry Potter et la Chambre des Secrets

INGRÉDIENTS

500 g de choux de Bruxelles
4 tranches de poitrine fumée ou de bacon coupées en dés
1 cuil. à soupe d'huile d'olive
30 g de canneberges séchées
½ cuil. à café de sel

1. Préchauffez le four à 190 °C (th. 6-7).
2. Débarrassez les choux de Bruxelles de leurs feuilles extérieures épaisses ou abîmées. Rincez les choux avec soin dans une passoire et égouttez-les. Coupez la tige dure des choux et coupez-les en deux. Réservez.
3. Étalez les dés de poitrine sur une plaque à pâtisserie et faites cuire au four 7 min. Sortez la plaque du four, ajoutez les choux de Bruxelles et, à l'aide d'une cuillère en bois ou d'une spatule, mélangez-les aux morceaux de poitrine. Assurez-vous que la partie coupée des choux soit posée sur la plaque et qu'ils soient disposés en une seule couche. Remettez la plaque au four et faites rôtir 10 à 15 min, jusqu'à ce que les choux soient bien tendres, et bien dorés sur leur face coupée.
4. Dans un récipient, mélangez-les avec les canneberges et le sel, puis servez.
5. Conservez les restes dans un récipient hermétique. Ils pourront entrer dans la confection du Bubble and squeak de Rogue (page 13).

La Grande Salle recouverte d'argent et de glace pour le Bal de Noël. Dessin préliminaire réalisé par Adam Brockbank pour *Harry Potter et la Coupe de Feu*.

Pour environ 16 pièces
Notes diététiques : V

PETITS PAINS
du Square Grimmaurd

Dans *Harry Potter et l'Ordre du Phénix*, la famille Weasley, Harry et Hermione fêtent Noël au 12, Square Grimmaurd, quartier-général de l'Ordre du Phénix et maison familiale de Sirius Black. Un festin de fête recouvre la longue table de la cuisine. Il s'y trouve une assiette de petits pains qui ont inspiré cette recette, posée à côté d'un plat de dinde et de pommes de terre. Longue de trois mètres, la table de cuisine de la famille Black a été fabriquée à la main spécialement pour le film car il est difficile d'en trouver d'aussi grandes. Ces petits pains se feront eux aussi très rares dès que vos invités y auront goûté.

> **« Oh, Harry ! Harry... voilà pour toi. Joyeux Noël ! »**
>
> — Molly Weasley, *Harry Potter et l'Ordre du Phénix*

INGRÉDIENTS

- 12 cl de lait entier tiède (à 45 °C)
- 1 cuil. à soupe de miel
- 1 sachet de levure instantanée
- 575 g de farine
- 425 g de purée de citrouille nature, en conserve ou « maison »
- 60 g de beurre à température ambiante, et un petit supplément pour le service
- 1 œuf
- 2 cuil. à café de sel
- 2 cuil. à café de paprika
- 1 cuil. à café de romarin séché et haché
- 1 œuf fouetté avec 1 cuil. à soupe d'eau pour la dorure
- 2 cuil. à café de fleur de sel (facultatif)

1. Dans un petit récipient, versez le lait tiède, le miel et la levure. Mélangez et réservez pour que la levure commence à mousser.
2. Dans le bol d'un batteur équipé d'un crochet à pétrir, versez la farine, la purée de citrouilles, le beurre, l'œuf, le sel, le paprika et ½ cuil. à café de romarin séché. Mélangez puis versez le mélange à la levure avant de mélanger de nouveau.
3. Dès que votre pâte fait des pointes, arrêtez le batteur, raclez les bords du bol et remettez à pétrir à vitesse lente pendant 5 min. Huilez les bords d'un grand récipient. Une fois que la pâte se détache des bords et est devenue élastique, transférez-la dans le récipient huilé. Couvrez d'un torchon propre et laissez la pâte lever pendant 1 h à 1 h 30 ou jusqu'à ce qu'elle ait doublé de volume.
4. Pendant ce temps, recouvrez deux plaques à pâtisserie d'un tapis de cuisson en silicone ou d'une feuille de papier sulfurisé.
5. Sur une surface légèrement farinée, divisez la pâte en seize parts égales. Farinez-vous les mains puis, l'une après l'autre, roulez chacune de ces parts en un boudin d'environ 40 cm de long. D'une main, prenez un boudin et faites un nœud lâche en laissant pendre une bonne longueur de pâte. De l'autre main, faites entrer et sortir la longueur de pâte du cercle puis ramenez-la vers le centre. Placez chaque nœud sur une des plaques préparées. Laissez gonfler vos préparations pendant environ 1 h.
6. À 5 à 10 min avant la fin des 1 h, préchauffez le four à 190 °C (th. 6-7). Puis, badigeonnez chaque petit pain de dorure et saupoudrez-les du romarin restant. Mettez-les à cuire jusqu'à ce qu'ils soient dorés et que leur température interne soit de 190 °C. Si vous le désirez, saupoudrez les petits pains de fleur de sel à leur sortie du four. Servez chaud accompagné de beurre à température ambiante.

GRYFFIND

Pour 6 parts
Notes diététiques : SG, V, V+*

POMMES DE TERRE À LA BRAISE
de Sirius Black

Dans le monde des sorciers, les messages peuvent être envoyés par hibou, par Patronus ou à travers des portraits. Mais il est également possible d'avoir une conversation par le biais des braises d'une cheminée. Dans *Harry Potter et la Coupe de Feu*, Harry et Sirius communiquent dans l'immense cheminée de la salle commune de Gryffondor au cours de l'hiver. Cette pièce est le premier endroit chaleureux et réconfortant que Harry a connu depuis son placard sous l'escalier, et les pommes de terre que nous vous proposons sont aussi agréables que le temps passé à se détendre sur les canapés rouges devant l'âtre. Ces délicieuses pommes de terre sont couvertes d'un mélange de sel noir d'Hawaii et de gros sel, puis cuites dans un poêlon en fonte pour obtenir une croûte cendrée.

« Retrouve-moi dans la salle commune de Gryffondor à une heure du matin dans la nuit de samedi à dimanche. »

— Lettre de Sirius Black, *Harry Potter et la Coupe de Feu*

INGRÉDIENTS

750 g de pommes de terre nouvelles ou Fingerling
200 g de gros sel de mer
2 branches de romarin
50 g de sel noir d'Hawaii
30 g beurre (facultatif)

1. Préchauffez le four à 190 °C (th. 6-7).
2. Lavez les pommes de terre avec soin, puis séchez-les.
3. Dans un poêlon en fonte pouvant aller au four, versez une couche de sel. Disposez sur le sel les pommes de terre sans qu'elles se chevauchent. Placez les branches de romarin au bord du poêlon.
4. Mélangez le sel restant au sel noir d'Hawaii puis versez cette préparation sur les pommes de terre. Elles doivent être recouvertes en grande partie mais pas non plus totalement.
5. Enfournez pour 45 min à 1 h, ou jusqu'à ce que la peau des pommes de terre prenne un aspect gonflé et qu'une fourchette puisse facilement y être piquée.
6. À l'aide de la fourchette, retirez les pommes de terre du sel. Servez tel quel avec du beurre en accompagnement.

Remarque | Une fois le sel refroidi, il peut être conservé pour cuire d'autres pommes de terre, être utilisé comme poids pour cuire les fonds de tarte à blanc ou comme produit de nettoyage des casseroles et des poêles. Cette recette peut être végétalienne en n'utilisant pas de beurre.

Pour 2 plaques soit environ 12 parts
Notes diététiques : V, V+

FOCACCIA,
version « pull de Weasley »

Le décorateur et les accessoiristes ayant jugé que la maison familiale des Weasley est pleine de courants d'air, il n'est guère surprenant que Mme Weasley tricote beaucoup pour sa famille et que les cadeaux qu'elle offre à Noël aient été confectionnés par ses mains habiles. Au fil du temps, chacun de ses enfants a reçu un pull dont le devant est orné de l'initiale de son prénom. Et, comme nous le voyons dans *Harry Potter à l'École des Sorciers*, Harry en reçoit un lors de sa première année à Poudlard. Ces pains plats italiens, appelés *focaccia*, sont décorés des monogrammes d'Harry et Ron, mais n'hésitez pas à les adapter en y apposant les initiales de votre choix.

« C'est quoi ce pull ?
– Oh, c'est ma mère qui l'a fait. Je crois que tu en as reçu un, toi aussi ! »

— Harry Potter et Ron Weasley,
Harry Potter à l'École des Sorciers

Suite à la page 54

Suite de la page 53

1. Dans un récipient moyen, mélangez l'eau tiède, le sucre et la levure. Réservez le temps que la levure s'active en moussant, soit environ 5 min.
2. Dans un grand récipient, versez la farine et le sel. Une fois que la levure s'est activée, ajoutez le mélange liquide à la farine. Utilisez une maryse en caoutchouc pour mélanger jusqu'à ce que la farine soit bien imprégnée et qu'une pâte se soit formée.
3. Versez 4 cuil. à soupe d'huile d'olive dans un grand récipient, ajoutez la pâte et tournez-la 2 ou 3 fois pour l'enduire d'huile. Couvrez d'un torchon propre ou d'un film alimentaire. La pâte peut alors être placée au réfrigérateur pendant une nuit ou dans un endroit chauffé pendant 4 h. Elle sera prête lorsqu'elle aura doublé de volume.
4. Lorsque la pâte est prête, faites-la dégonfler en la pétrissant sans la sortir du récipient. Pour cela, munissez-vous de deux fourchettes, tenez-les à une main et ramenez la pâte du bord le plus éloigné vers vous. Tournez le bol d'un quart de tour et recommencez jusqu'à obtenir une boule grossière.
5. Versez 2 cuil. à soupe d'huile d'olive sur chaque plaque à pâtisserie ou 4 si vous n'en utilisez qu'une plus grande. Enduisez bien vos plaques. Divisez la pâte en deux et étalez-la uniformément sur les plaques à pâtisserie. Versez le reste d'huile sur chaque pâton. Laissez la pâte lever dans un endroit tiède jusqu'à ce qu'elle ait doublé de volume, soit environ 1 h 30. Elle est prête si, quand vous appuyez dessus du bout du doigt, elle se reforme lentement mais garde une marque. Si la reformation est rapide, il convient de la laisser plus longtemps. Vers la fin du temps de levage, préchauffez votre four à 230 °C (th. 7-8).
6. Lorsque la pâte a fini de lever, poussez-la délicatement sur les bords des plaques puis faites des alvéoles sur toute la surface avec le bout de vos doigts.
7. Décorez en créant un grand « R » au centre d'un pain et un grand « H » au centre de l'autre (ou tout autre monogramme qui vous plaira) avec des légumes ou des fruits secs. Arrosez chaque pain de 1 cuil. à soupe d'huile d'olive, avant d'y saupoudrer ½ cuil. à café de fleur de sel, si vous le désirez. Mettez au four pour 25 à 30 min de cuisson ou jusqu'à ce que vos pains soient dorés sur toute la surface et croustillants sur les bords. Servez tiède. Les restes peuvent être conservés jusqu'à 3 jours dans une boîte hermétique.

INGRÉDIENTS

60 cl d'eau tiède (à 45 °C)

2 cuil. à café de sucre

1 sachet de levure instantanée

575 g de farine

1 cuil. à soupe de sel

12 cl d'huile d'olive, plus 2 cuil. à soupe

400 g de baies ou de légumes en petits dés (voir note)

1 cuil. à café de fleur de sel (facultatif)

Ustensiles

2 plaques à pâtisserie à bords hauts de 33 cm sur 23 cm (ou 1 de 43 cm sur 33 cm)

Note | Les poivrons, les oignons nouveaux, les échalotes ou les carottes en brunoise conviennent tout à fait à cette recette. Les fraises, les myrtilles les framboises ou les poires coupées en tranches fines constituent aussi de bons choix. Veillez à utiliser une huile d'olive de bonne qualité dont vous appréciez le goût, car elle joue un rôle essentiel dans la saveur finale de ce pain.

Pour 12 puddings
Notes diététiques : V*

YORKSHIRE PUDDING
de Poudlard

L'École de magie et de sorcellerie de Poudlard regroupe quatre Maisons et il faut justement quatre ingrédients pour préparer le traditionnel Yorkshire pudding britannique : des œufs, de la farine, du lait et une matière grasse qui peut être de l'huile ou de la graisse de bœuf. En Grande-Bretagne, le terme « pudding » est synonyme de dessert, mais peut également désigner des plats en forme de gâteau comme ce pain soufflé et croustillant. Les Yorkshire puddings sont originaires du comté de York, dans le nord de l'Angleterre.

« Bienvenue ! Bienvenue pour une nouvelle année à Poudlard. J'aimerais vous dire quelques mots avant que nous ayons tous l'esprit embrumé par notre excellent festin. »

— Albus Dumbledore,
Harry Potter et le Prisonnier d'Azkaban

Note | Utiliser les jus de cuisson d'un rôti de bœuf est la façon classique de confectionner cette recette. Cependant, si vous disposez de moins de 6 cl de jus, allongez-le avec une huile résistante aux hautes températures. Vous pouvez d'ailleurs n'utiliser que de l'huile végétale si vous voulez préparer une version végétarienne de cette recette.

INGRÉDIENTS

4 œufs
25 cl de lait entier
½ cuil. à café de sel
115 g de farine
6 cl de graisse de rôti de bœuf ou d'huile telle que l'huile de pépins de raisin ou d'avocat (voir note)

1. Cassez les œufs dans un grand récipient et fouettez-les soigneusement. Incorporez le lait et le sel en fouettant. Ajoutez la farine en une seule fois et fouettez vigoureusement pour obtenir une pâte lisse. Laissez cette préparation reposer au moins 30 min.
2. Préchauffez le four à 230 °C (th. 7-8).
3. Déposez 1 cuil. à café de graisse de cuisson de bœuf (ou de l'huile choisie) dans chaque cavité d'un moule à muffins. Faites chauffer votre moule 10 min au four. Pendant ce temps, transférez la pâte dans un récipient muni d'un bec verseur.
4. Retirez le moule du four. En utilisant une cuillère pour éviter les éclaboussures, remplissez de pâte chaque cavité du moule aux deux tiers. Mettez à cuire 20 à 25 min jusqu'à ce que les puddings soient dorés et croustillants. Surtout, n'ouvrez pas le four pendant au moins 20 min car cela pourrait empêcher la pâte de lever. Pour la même raison, si cela est possible, n'utilisez pas un four à convection.

PLATS

Pour 6 parts
Notes diététiques : SG, V, V+*

Végétariens

SALADE VERTE
en direct de la Serre numéro 3

Dans *Harry Potter et la Chambre des Secrets*, les élèves de deuxième année se rassemblent dans la Serre numéro 3 pour assister à leur premier cours de botanique et le Professeur Chourave leur enseigne comment rempoter des bébés mandragores hurlantes. Pour cette scène, il a été créé plus de cinquante mandragores en animatronique que des techniciens dissimulés sous une table ont fait se tortiller. Rassurez-vous, il est beaucoup plus simple de préparer cette délicieuse salade composée d'une récolte de légumes d'hiver, notamment des courges, des carottes arc-en-ciel et des grenades. Une combinaison offrant une explosion de couleurs et de saveurs qui réjouiront vos papilles.

« D'après le Professeur Chourave tu as des dispositions pour l'herbologie. »

— Alastor Maugrey à Neville Londubat, *Harry Potter et la Coupe de Feu*

Remarque | Une version végétalienne de cette recette peut être préparée en remplaçant le miel par du sirop d'érable ou d'agave.

INGRÉDIENTS

Pour la salade
1 courge Delicata
2 cuil. à café d'huile d'olive
2 carottes arc-en-ciel
1 concombre épluché
4 radis lavés et émincés en tranches fines
50 g de graines de grenade
150 g de tomates cerise (de variété Sungold, de préférence)
75 g de noix
185 g de quinoa cuit selon les instructions de l'emballage
140 g de mélange de jeunes pousses

Pour la vinaigrette
12 cl d'huile d'olive
1 cuil. à soupe de vinaigre balsamique
½ cuil. à café de sel casher
½ cuil. à soupe de moutarde de Dijon
1 cuil. à soupe de miel
1 échalote finement ciselée

1. **Préparation de la salade :** préchauffez le four à 205 °C (th. 7).
2. Coupez la courge en deux dans le sens de la longueur puis retirer les graines et la pulpe. Coupez chaque moitié en tranches d'un peu plus d'un centimètre d'épaisseur pour obtenir des morceaux en croissants de lune.
3. Placez les tranches sur une plaque à pâtisserie, versez un peu d'huile d'olive sur les courges et brassez-les afin qu'elles soient bien huilées. Mettez à rôtir 10 à 15 min jusqu'à ce qu'elles soient tendres et dorées. Laissez refroidir pendant que vous préparez le reste de la salade.
4. **Préparation de la vinaigrette :** dans un récipient moyen, mélangez l'huile d'olive, le vinaigre, le sel, la moutarde, le miel et l'échalote. Fouettez jusqu'à ce que la vinaigrette soit bien liée. Réservez jusqu'au moment d'assaisonner la salade.
5. **Confection de la salade :** préparez un grand saladier. Avec un épluche-légumes, coupez de larges bandes de carottes. N'allez pas plus loin que le cœur de la carotte que vous pourrez conserver pour une soupe ou jetez-le. Mettez les bandes dans le saladier.
6. Coupez le concombre en deux dans le sens de la longueur puis, à l'aide d'une cuillère, débarrassez chaque moitié de ses graines. Coupez le concombre en tranches d'un peu plus d'un centimètre d'épaisseur et mettez-les dans le saladier.
7. Ajoutez le radis émincé, les graines de grenade, les tomates, les noix, la courge refroidie et le quinoa. Mélangez tous les ingrédients avec la vinaigrette après l'avoir de nouveau fouettée si nécessaire. Ajoutez la laitue et mélangez une fois de plus. Servez dans l'heure qui suit.

Pour 6 parts
Notes diététiques : SG, V

Végétariens

L'HOSPITALIER HACHIS IRLANDAIS
de Mme Pomfresh

Pompom Pomfresh est l'infirmière de Poudlard et veille sur les élèves blessés ou ensorcelés, qu'il soit nécessaire de faire repousser leurs os, de les rétablir quand ils ont été pétrifiés par un Basilic ou mordus par un animal. Pleine de bon sens, Mme Pomfresh se montre aussi réconfortante que le meilleur des repas. Ce hachis est un plat traditionnel irlandais dont l'origine remonte au XVIIe siècle. Le plus souvent préparé à base de viande, ce sont ici les poireaux, les oignons, les champignons et les noix de cajou torréfiées combinés à une purée de pommes de terre onctueuse qui lui confèrent sa saveur si douillette.

INGRÉDIENTS

Pour la purée
1,25 kg de pommes de terre (Bintje, par exemple) pelées et coupées en cubes
110 g de fromage frais
60 g de beurre salé
1 cuil. à café de sel
Poivre frais moulu à votre goût

Pour la garniture
50 cl de bouillon de légumes
140 g de noix de cajou
2 cuil. à soupe d'huile végétale
60 g de beurre salé
1 petit poireau finement émincé
1 petit oignon jaune finement ciselé
230 g de champignons Cremini (ou Bella) finement émincés
2 cuil. à soupe de fécule de tapioca

« Il aurait fallu tout de suite me l'amener ! Je peux ressouder des os en un rien de temps, mais les faire repousser ?! »

— Pompom Pomfresh,
Harry Potter et la Chambre des Secrets

1. **Préparation de la purée :** portez une grande casserole d'eau salée à ébullition puis ajoutez les cubes de pommes de terre. Quand l'ébullition reprend, réglez le feu à moyen-doux et laissez cuire 10 à 15 min. Vérifiez la cuisson avec la pointe d'un couteau : il doit pouvoir entrer dans la chair de pomme de terre sans effort.
2. Égouttez les pommes de terre puis remettez-les dans la casserole. Reposez celle-ci sur la plaque chaude mais éteinte, et écrasez le contenu avec un presse-purée jusqu'à ce que la plus grande partie de la vapeur se soit échappée. Ajoutez le fromage frais et le beurre puis remuez jusqu'à ce que les deux aient fondu et que le mélange soit homogène. Ajoutez le sel et le poivre moulu à votre goût. Réservez le temps de préparer la garniture.
3. **Préparation de la garniture :** préchauffez le four à 190 °C (th. 6-7).
4. Portez à ébullition le bouillon de légumes dans une petite casserole ou au micro-ondes. Sortez-le du feu et ajoutez les noix de cajou. Réservez.
5. Dans une grande sauteuse sur feu moyen, versez l'huile végétale et le beurre. Dès que celui-ci se met à mousser, ajoutez le poireau et l'oignon. Laissez suer les légumes jusqu'à ce qu'ils soient tendres, soit 3 à 4 min, et ajoutez les champignons. Faites cuire les légumes 5 à 7 min pour qu'ils commencent à dorer. Saupoudrez-les de fécule de tapioca, mélangez et cuisez 2 min supplémentaires en remuant lentement. Versez le bouillon aux noix de cajou sur les légumes et déglacez le fond de la sauteuse. Laissez mijoter 2 à 3 min jusqu'à ce que l'ensemble épaississe légèrement.
6. Versez et étalez la garniture dans un plat à gratin, puis répartissez la purée de pommes de terre dessus en une couche uniforme. Mettez à cuire au four 25 à 30 min jusqu'à ce que la purée commence à gonfler et à brunir légèrement.

Pour 4 personnes en plat
ou 8 personnes en entrée
Notes diététiques : SG

Viandes

BROCHETTES DE BŒUF
épicées des « Cracheurs de feu célèbres »

Dans *Harry Potter à l'École des Sorciers*, pendant les vacances de Noël, le jeune magicien s'introduit dans la Réserve de la bibliothèque de Poudlard à la recherche d'informations sur Nicolas Flamel, le créateur de la Pierre Philosophale. Il cite alors à haute voix les titres des ouvrages qu'il croise, notamment celui des *Cracheurs de feu célèbres*, avant d'ouvrir un livre d'où surgit un visage hurlant. Les scènes de la Réserve ont été filmées dans la Bibliothèque Bodléienne de l'Université d'Oxford, la plus ancienne de la ville. Les *Cracheurs de feu célèbres* pourraient vous aider à griller ces délices de bœuf bien relevés, épicés avec des piments chipotle, de l'ail et du gingembre, mais il est bien plus simple d'utiliser un gril ou votre four.

> **« Cracheurs de feu célèbres. Démons du XVe siècle. Où es-tu ? Nicolas Flamel ! »**
>
> — Harry Potter, *Harry Potter à l'École des Sorciers*

Conseil | Servies en plat principal, ces brochettes peuvent être proposées sur du riz ou des pâtes enrobées de sauce au poivre.

INGRÉDIENTS

2 poivrons rouges
1 cuil. à soupe d'huile de pépins de raisin ou d'avocat
1 bouquet de coriandre en feuille
500 g de bavette coupée en fines lanières d'environ 2,5 cm de large
1,5 cuil. à café de sel
Le jus de 2 citrons verts
4 cuil. à soupe de piments chipotle entiers (tirées d'une boîte de chipotle en sauce)
3 gousses d'ail noir épluchées
30 g de gingembre pelé et coupé en gros morceaux
1 cuil. à soupe d'huile d'olive
1 cuil. à soupe de vinaigre de riz

Ustensiles
12 brochettes en bois

1. Préchauffez le four à 205 °C (th. 7).
2. Coupez chaque poivron en deux. Retirez-en les graines et les parties claires. Placez-les sur une plaque à pâtisserie, enduisez-les d'huile de pépins de raisin et faites-les rôtir au four, côté ouvert vers le bas, pendant 20 min, jusqu'à ce qu'ils soient plus tendres et que la peau ait commencé à craqueler. Sortez la plaque du four et laissez les poivrons refroidir pour pouvoir les manipuler. Alors, pelez leur peau et jetez-la. Réservez les poivrons.
3. Éliminez les feuilles fanées du bouquet de coriandre et rincez bien le reste. Récupérez les feuilles en prenant le moins de tiges possible et réservez-les.
4. Dans un récipient que vous pourrez fermer, combinez les morceaux de viande avec 1 cuil. à café de sel, le jus des citrons verts, 2 cuil. à soupe de piments chipotle (qui sont essentiellement de la sauce), les tiges de coriandre, l'ail noir et les morceaux de gingembre. Fermez le récipient, veillez à ce qu'il ne puisse pas y avoir d'éclaboussures et secouez-le bien pour enrober et mélanger tout son contenu. Déposez le récipient au réfrigérateur et laissez mariner pendant au moins 1 h et jusqu'à 4 h.
5. Pendant que la viande marine, préparez la sauce. Dans le bol d'un mixeur, mélangez les poivrons rouges rôtis, les feuilles de coriandre, la demi-cuil. à café de sel restant, l'huile d'olive et le vinaigre de riz. Réduisez ces ingrédients en purée pour obtenir un mélange bien lisse, soit environ 1 à 2 min. Gardez au frais jusqu'au service.
6. Juste avant de cuire la viande, faites préchauffer un gril ou une plaque à pâtisserie dans le four à 190 °C (th. 6-7). Pendant ce temps, plongez douze brochettes en bois dans de l'eau pendant 5 min. Ensuite, piquez une ou deux lanières de bœuf sur chaque brochette en les repliant sur elles-mêmes comme de petits accordéons. Saisissez chaque côté et laissez cuire 3 à 4 min en retournant à mi-cuisson. Servez avec la sauce.

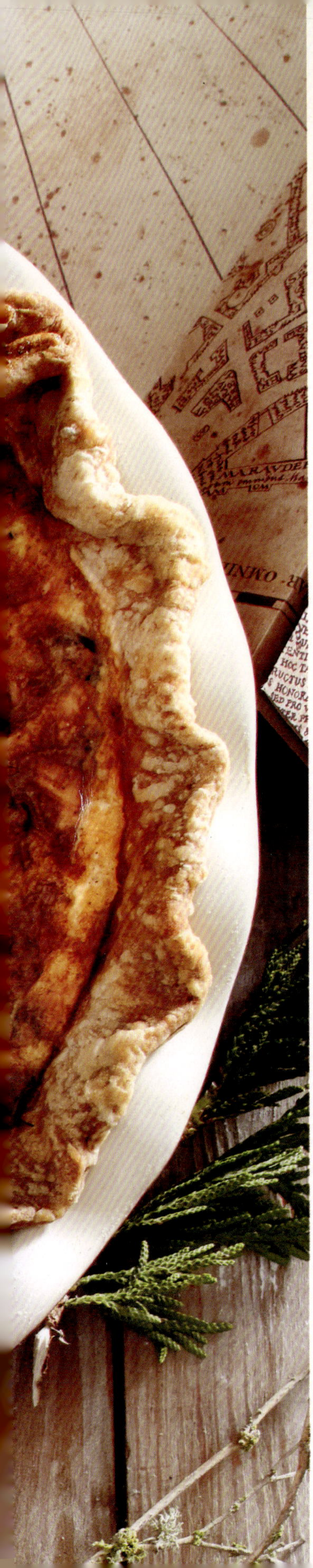

Pour 8 parts

TOURTE
de la Carte du Maraudeur

Afin qu'Harry Potter puisse rejoindre ses camarades de classe lors d'une sortie hivernale à Pré-au-Lard, les jumeaux Fred et George lui remettent la Carte du Maraudeur créée par quatre anciens élèves de Poudlard. Ce plan indique l'emplacement de tous ceux présents dans le château et les passages secrets menant à d'autres lieux comme la confiserie Honeydukes (en passant par le Passage de la sorcière borgne) ou la Cabane Hurlante, toutes deux situées à Pré-au-Lard. Les ingrédients de ce plat savoureux évoquent les Maraudeurs — les Animagi Patmol (Sirius Black), Cornedrue (James Potter) et Queudver (Peter Pettigrow) — qui, à la pleine lune, protégeaient le lycanthrope Remus Lupin, quatrième membre de leur bande. Cette tarte est surmontée d'un Saule cogneur confectionné avec la même pâte qui cache sa riche garniture de viande, de fromage et de légumes, tout comme cet arbre dissimulait l'entrée de la Cabane Hurlante où se réunissaient les Maraudeurs.

> **« Messieurs Lunard, Queudver, Patmol et Cornedrue sont fiers de vous présenter la Carte du Maraudeur. »**
>
> — Remus Lupin, Peter Pettigrow, Sirius Black et James Potter dans *Harry Potter et le Prisonnier d'Azkaban*

Suite à la page 66

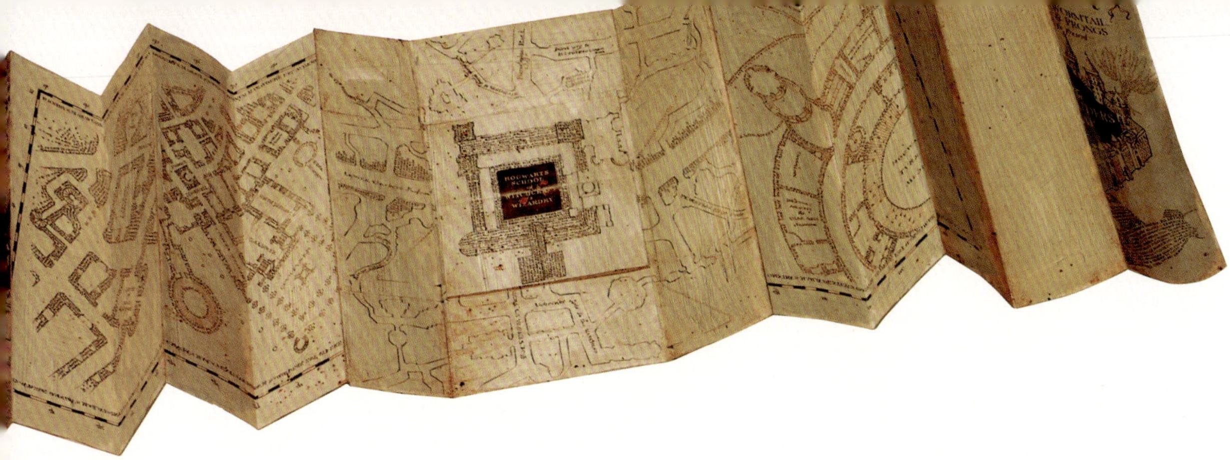

Suite de la page 65

INGRÉDIENTS

Pour la pâte

290 g de farine tout usage

1 cuil. à café de sel

115 g de beurre doux très froid

55 g de graisse végétale blanche (ou de margarine) très froide

7,5 cl d'eau glacée

1 œuf

¼ de cuil. à café de noix de muscade moulue

Poivre fraîchement moulu

Pour la garniture

115 g de pancetta coupée en dés

110 g de champignons émincés

125 g de jeunes pousses d'épinard

100 g de gruyère râpé

30 g de prosciutto en tranches fines et coupées en rubans

480 g de crème fraîche

3 œufs

½ cuil. à café de sumac

Poivre noir à votre goût

1. **Préparation de la pâte :** dans un grand récipient, mélangez la farine et le sel. Coupez le beurre et la graisse végétale blanche en morceaux puis les ajouter à la farine. Utilisez deux fourchettes ou un mélangeur à pâte pour malaxer la farine. Incorporez l'eau petit à petit et mélangez avec soin jusqu'à ce que la préparation se regroupe.
2. Divisez la pâte en deux et étalez une moitié afin qu'elle corresponde à un moule à tarte de 23 cm de diamètre doté de bords d'au moins 1,5 cm de hauteur. Installez la pâte dans le moule et froncez-la. Mettez au réfrigérateur 30 min et préchauffez le four à 205 °C (th. 7).
3. Étalez la seconde moitié de la pâte et, à l'aide d'un emporte-pièce ou d'un couteau d'office, découpez une forme d'arbre sommaire : un feuillage arrondi au-dessus d'un tronc épais. Transférez la pâte sur une plaque à pâtisserie couverte d'un tapis de cuisson en silicone ou de papier sulfurisé. Découpez le feuillage pour obtenir trois branches d'arbre épaisses. Réunissez-les une fois, comme vous le feriez d'une tresse. Découpez des ramifications au sommet de chaque grande branche. Tordez ou pliez les branches afin qu'elles ressemblent au saule blanc sans feuille d'hiver. Mettez la plaque à pâtisserie au réfrigérateur au moins 30 min.
4. Une fois la pâte refroidie, tapissez-la de deux feuilles de papier d'aluminium superposées pour couvrir le fond et les bords. Versez-y des poids à tarte (ou des haricots secs blancs ou rouges) et mettez-la au four pour 10 min de cuisson.
5. Pendant la cuisson à blanc de la pâte, fouettez l'œuf avec 1 cuil. à soupe d'eau dans un petit bol. Sortez la pâte du four, enlevez les papiers d'aluminium et les poids à tarte puis, à l'aide d'une fourchette, piquez le fond comme les bords. Avec un pinceau

à pâtisserie, badigeonnez la pâte du mélange œuf/eau. Remettez la tarte au four et laissez-la cuire 7 à 10 min supplémentaires ou jusqu'à ce qu'elle soit dorée. Retirez-la alors du four et réservez.

6. Badigeonnez le saule avec le reste du mélange œuf/eau, puis saupoudrez-le de noix de muscade et de quelques tours de poivre frais. Mettez-le au four pendant 10 à 15 min ou jusqu'à ce qu'il soit doré. Sortez la plaque du four et réservez.
7. **Préparation de la garniture :** réduisez la température du four à 190 °C (th. 6-7).
8. Dans une poêle chaude de taille moyenne, faites revenir la pancetta à feu moyen-vif jusqu'à ce qu'elle ait rendu la majeure partie de sa graisse, soit 2 à 3 min. Ajoutez les champignons, remuez afin qu'ils soient bien imprégnés de graisse et poursuivez la cuisson encore 3 min, jusqu'à ce que les champignons aient un peu fondu et commencé à brunir. Ajoutez les feuilles d'épinards, mélangez et faites tomber les jeunes pousses pendant 1 min.
9. Déposez ce mélange sur le fond de tarte cuit. Recouvrez le tout de gruyère râpé et de rubans de prosciutto.
10. Combinez la crème fraîche, les œufs, le sumac et le poivre dans un grand récipient en fouettant jusqu'à homogénéisation. Versez le mélange sur la tarte et mettez-la au four pendant 30 à 35 min. Vérifiez que la garniture soit bien prise sur les bords tout en restant très légèrement liquide au centre.
11. Sortez la préparation du four et laissez-la refroidir au moins 10 minutes avant de servir. Décorez avec le saule blanc cuit au four.

Remarque | La tarte peut être servie tiède, à température ambiante ou même froide et peut être conservée dans une boîte hermétique (ou sous film alimentaire) jusqu'à 3 jours.

Harry, Ron et Hermione visitent Pré-au-Lard, englouti sous la neige, dans *Harry Potter et le Prisonnier d'Azkaban*. Dessin préliminaire par Andrew Williamson.

Pour environ 12 pièces
ou 6 parts

Viandes

FRIANDS
de l'Œuf d'or

Lors de la première épreuve du Tournoi des Trois Sorciers, Harry doit s'emparer d'un Œuf d'or qui offrira un indice menant au deuxième défi. En créant cet objet, sa conceptrice, Miraphora Mina, a mis l'accent sur l'idée de découverte. Elle voulait qu'Harry perce l'œuf afin d'en révéler le contenu. De la même manière, lorsque votre fourchette ou vos doigts ouvriront ces « œufs » dorés, vous découvrirez la douceur de la saucisse italienne associée aux pommes d'hiver acidulées et au fenouil dans un brillant triomphe des saveurs.

« Descends nous voir, entends nos paroles.
Nous ne chantons qu'en dessous du sol.
Durant une heure tu devras chercher,
Ce que l'on t'a arraché. »

— Indice des Êtres de l'eau
conduisant à la deuxième épreuve,
Harry Potter et la Coupe de Feu

Suite à la page 72

Suite de la page 71

INGRÉDIENTS

Pour la farce
500 g de saucisse italienne douce

100 g de fenouil ciselé

1 oignon jaune moyen ciselé

1 pomme épluchée, épépinée et ciselée

½ cuil. à café de sel

Pour la pâte
575 g de farine tout usage

1 cuil. à café de sel casher

2 cuil. à café de curcuma

190 g de graisse végétale blanche (ou de margarine) froide

225 g de beurre doux froid

17,5 cl d'eau glacée

1 œuf

Ustensiles
1 emporte-pièce en forme d'œuf

Autres emporte-pièces tels des feuilles

Remarque | Ces friands peuvent être conservés 4 jours au réfrigérateur. Avant de les consommer, réchauffez-les au four, 10 min à 175 °C (th. 5-6).

1. **Préparation de la farce :** dans une grande poêle, faites revenir à feu moyen la saucisse jusqu'à ce que le rose de la chair ait disparu, soit environ 5 min. À l'aide d'une écumoire, transférez la viande dans une assiette et réservez.
2. Versez le fenouil et l'oignon dans la même poêle et faites-les sauter 2 à 3 min pour bien les enrober de la graisse de saucisse. Ajoutez la pomme ciselée et le sel. Mélangez et laissez cuire 3 à 5 min jusqu'à ce que l'ensemble soit fondant et commence à brunir. Retirez alors le tout du feu et mélangez-le avec la saucisse. Laissez refroidir pendant la préparation de la pâte.
3. **Préparation de la pâte :** dans un grand récipient, mélangez la farine, le sel et le curcuma. Coupez le beurre et la graisse végétale blanche (ou la margarine) en morceaux et incorporez-les au mélange de farine à l'aide d'un mélangeur à pâte ou de deux fourchettes. Incorporez l'eau petit à petit et malaxez avec soin jusqu'à ce que la pâte soit homogène.
4. **Assemblage :** recouvrez deux plaques à pâtisserie de tapis de cuisson ou de feuilles de papier sulfurisé.
5. Posez ¼ de la pâte sur un plan de travail légèrement fariné et étalez-la jusqu'à ce qu'elle fasse 6,5 mm d'épaisseur. Avec l'emporte-pièce en forme d'œuf, découpez 24 pièces et réservez les chutes de pâte à la décoration.
6. Disposez 6 œufs sur chaque plaque à pâtisserie. Au centre de chacun d'eux, déposez environ 50 à 60 g de farce. Pesez la première garniture et respectez le volume pour les suivantes. Couvrez la garniture déposée d'un deuxième œuf étiré avec soin. À l'aide d'une fourchette, appuyez sur les bords pour sceller chaque œuf. Du bout du doigt, crantez légèrement les bords scellés en revenant vers le centre pour les rendre plus jolis. Une fois tous les œufs prêts, étalez les chutes de pâte sur un plan de travail et découpez des éléments de décoration avec des emporte-pièces en forme de feuille, par exemple.
7. Mélangez l'œuf avec 1 cuil. à soupe d'eau pour créer une préparation à dorure. Badigeonnez-en chaque friand. De la pointe d'un couteau, percez chaque friand d'un petit trou et ajoutez les décorations en pâte tout autour. N'oubliez pas de les enduire de dorure, eux aussi. Placez les plaques au réfrigérateur et préchauffez le four à 205 °C (th. 7). Enfournez les plaques et faites cuire 25 à 30 min, jusqu'à ce que la pâte soit croustillante et dorée. Laissez refroidir 10 min avant de servir.

Pour 4 personnes
Notes diététiques : SG

Viandes

CARRÉ D'AGNEAU
de Noël

Les banquets marquent de manière emblématique les films *Harry Potter* avec de savoureuses assiettes de légumes — telles que des épis de maïs et de la purée de pommes de terre —, des fruits colorés et de succulents plats de résistance parmi lesquels apparaissent des carrés d'agneau ruisselant de sauce. Une variante de ceux-ci est « le carré d'agneau en couronne », visible durant le Festin de bienvenue à Poudlard. Il est ainsi appelé pour sa construction circulaire surmontée de papillotes le faisant ressembler à un couvre-chef royal. S'il était servi à Noël, ce n'était d'ailleurs pas la seule couronne sur la table : pour les scènes des repas de fin d'année, la cheffe décoratrice Stephenie McMillan plaçait toujours des pochettes de Noël à côté des couverts, contenant traditionnellement une couronne en papier.

« Un balai t'attend dans ta chaussette,

Ici la magie a un air de fête.

Rejoins les hiboux à tire d'aile,

En ce si joyeux jour de Noël. »

— Chanteurs de Noël fantômes,
Harry Potter à l'École des Sorciers

INGRÉDIENTS

1 carré d'agneau à 8 côtelettes
1 cuil. à café de sel
Poivre frais moulu à votre goût
2 cuil. à soupe de moutarde de Dijon
2 cuil. à soupe d'huile d'olive
2 cuil. à café de vinaigre balsamique
1 cuil. à café de menthe séchée
¼ de cuil. à café de piment de Cayenne
6 cl de Xérès de cuisine
12 cl de bouillon de légumes (facultatif)

1. Placez une grille à mi-hauteur du four et préchauffez à 220 °C (th. 7-8).
2. Sortez l'agneau du réfrigérateur 30 min avant la cuisson. À l'aide d'un couteau bien aiguisé, enlevez l'excédent de graisse en commençant par le côté le plus épais puis en progressant le long de la viande (laisser une fine couche de graisse est acceptable). Massez la viande avec du sel et du poivre puis réservez.
3. Dans un petit récipient, combinez la moutarde, l'huile d'olive, le vinaigre, la menthe et le piment de Cayenne avant de fouetter le tout pour obtenir un mélange bien lié. Réservez.
4. Faites chauffer un poêlon allant au four sur un feu moyen-vif pendant 1 à 2 min. Placez-y le carré d'agneau, viande directement contre le poêlon, et saisissez-le pendant 2 min environ jusqu'à ce qu'il soit bien doré. À l'aide de pinces, retournez l'agneau et cuisez l'autre côté pendant 2 min. Débarrassez-vous de la graisse tombée dans le fond du poêlon. Avec un pinceau à pâtisserie, badigeonnez la viande du mélange de moutarde, sans oublier les extrémités.
5. Mettez le carré dans le poêlon côté os et versez le Xérès au fond du poêlon, avant de l'enfourner jusqu'à ce que la température interne de la viande atteigne 52 °C pour une cuisson saignante et 55 °C si vous le désirez à point. Sortez le plat du four, couvrez-le d'une feuille de papier d'aluminium et laissez reposer 5 à 10 min avant de servir.
6. Au service, tranchez entre les côtelettes et servez-en deux à chaque convive. Vous pouvez les accompagner de légumes braisés (recette du Rôti de bœuf du réveillon de Noël, page 74) ou des Pommes de terre à la braise de Sirius Black (page 51).
7. Pour préparer rapidement la sauce dans le poêlon, posez l'agneau sur une planche à découper et couvrez-le d'une feuille de papier d'aluminium. Écumez la graisse du poêlon et reposez-le sur un feu moyen. Versez-y le bouillon de légumes et portez à frémissement en déglaçant le fond du plat. Servez chaque paire de côtelettes avec 1 cuil. à soupe de sauce.

Pour 8 personnes
Notes diététiques : SG

Viandes

RÔTI DE BŒUF
du réveillon de Noël

Le rôti de bœuf est le plat traditionnel des repas de fête britanniques depuis le milieu du XIXe siècle. Il est le plus souvent accompagné de pommes de terre ou d'autres légumes racines braisés, tels que les choux de Bruxelles (voyez la recette des Super choux à la Chourave en page 45), et d'un Yorkshire pudding de Poudlard (page 55). Pour ce rôti, l'un des morceaux les moins chers est le rond de tranche mais l'idéal est le filet, au prix bien plus élevé. Ce plat succulent aurait pu être servi lors du banquet du réveillon de Noël aux élèves restés à l'école pendant les vacances, dont les frères Weasley et Harry Potter, dans *Harry Potter à l'École des Sorciers*. Vêtus de leurs incontournables pulls marqués à leurs initiales, les Weasley ont passé cette soirée de fête dans la Grande Salle décorée de sapins réhaussés de croissants de lune et de boules avec, posée à leur faîte, une grande étoile d'or.

INGRÉDIENTS

Pour le rôti
1 rôti de 1,750 kg à 2,250 kg taillé dans le rond de tranche
1 cuil. à soupe de sel casher
1 cuil. à café de poivre noir moulu
1 cuil. à café de thym séché
1 cuil. à soupe d'huile végétale

Pour le jus de cuisson
12 cl de vin rouge
60 g de beurre salé
1 cuil. à soupe de fécule de tapioca
23 cl de bouillon de légumes

Pour les légumes braisés
600 g d'un mélange de légumes racines tel que des carottes, des panais, des navets ou des pommes de terre taillés en dés
2 cuil. à soupe d'huile d'olive
½ cuil. à café de sel casher

« Que le banquet commence ! »

— Albus Dumbledore,
Harry Potter à l'École des Sorciers

1. **Préparation du rôti :** posez la viande sur une plaque à rôtir ou dans une boîte hermétique et massez-le avec le sel, le poivre noir et le thym. Refermez la boîte ou entourez le plat d'un film plastique puis déposez-le au réfrigérateur au moins 4 h voire toute une nuit.
2. Préchauffez le four à 105 °C (th. 3-4).
3. Placez un grand poêlon sur un feu moyen-vif et versez-y l'huile végétale. Quand elle est bien chaude, posez-y le rôti. Marquez bien tous les côtés, en cuisant chacun 4 à 5 min. Servez-vous de pinces pour le tenir quand il s'agira de marquer ses extrémités et les coins étroits.
4. Mettez ensuite le rôti à cuire au four pour 1 h à 1 h 30, jusqu'à ce que la température interne de la viande soit de 46 °C.
5. Éteignez le four et gardez la porte fermée tout en y laissant le rôti 30 à 40 min de plus. Ne sortez la viande que lorsque sa température interne a atteint 51 °C. Déposez la viande sur une planche à découper ou le plat de service et couvrez-la d'aluminium pour la garder le plus chaud possible. Laissez reposer environ 20 min, le temps de préparer le jus de cuisson.
6. **Préparation du jus de cuisson :** si vous préparez ou envisagez de faire un Yorkshire pudding de Poudlard (page 55), réservez 6 cl de graisse de rôti.
7. Posez le même poêlon sur un feu moyen-vif. Dès que la graisse commence à grésiller, versez le vin rouge et déglacez le plat en remuant pendant 2 à 3 min.
8. Incorporez le beurre en touillant, puis incorporez la fécule de tapioca et fouettez jusqu'à ce que le mélange épaississe. Toujours en fouettant, ajoutez le bouillon de légumes et laissez mijoter 3 à 5 min. Le résultat doit être homogène et assez épais.
9. **Préparation des légumes braisés express :** pendant que le rôti repose, montez la chaleur du four à 190 °C (th 6-7).
10. Nettoyez les légumes et découpez-les en morceaux uniformes d'environ 4 cm d'épaisseur.
11. Sur une grande plaque à pâtisserie habillée d'une feuille de papier sulfurisé, déposez les légumes, versez l'huile d'olive et le sel, remuez le tout pour bien disperser ces deux derniers éléments puis étalez les légumes en une seule couche. Cuisez au four 20 à 25 minutes ou jusqu'à ce qu'ils soient tendres sous les dents d'une fourchette.

Pour 12 à 15 personnes
Notes diététiques : SG*

DINDE RÔTIE DES FÊTES
à la mode de Square Grimmaurd

Dans *Harry Potter et l'Ordre du Phénix*, les Weasley, Hermione et Harry passent les vacances de Noël chez Sirius Black, au 12, Square Grimmaurd. Pour l'occasion, Molly Weasley a préparé un superbe festin. Ainsi, la table de plus de six mètres de long, créée par les accessoiristes, est ornée de petits pains, de légumiers en argent sans doute pleins de délicieuse farce et de légumes succulents, une énorme dinde à la peau croustillante et sa savoureuse sauce brune. Cette volaille est arrivée sur les côtes britanniques au cours du XVIe siècle et est devenue un incontournable du repas de Noël. Il est même dit que le roi Henry VIII a été l'un des initiateurs de ce populaire plat de fête.

> **« Que votre Noël soit une merveille,**
> **Passez un joyeux jour de Noël.**
> **Asseyez-vous près du feu qui étincelle,**
> **Passez un joyeux jour de Noël. »**
>
> — Chanteurs de Noël fantômes,
> *Harry Potter à l'École des Sorciers*

Suite à la page 78

Suite de la page 77

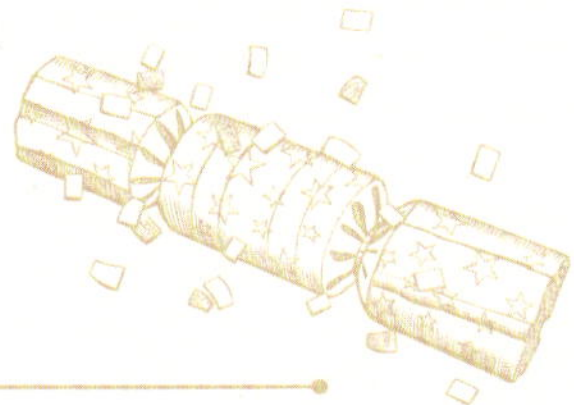

INGRÉDIENTS

Pour la saumure
1 kg de sel casher
2 cuil. à soupe de poivre en grains
1 cuil. à soupe d'herbes séchées à votre goût, comme de la sauge, du thym, de l'origan ou du romarin
1 dinde de 6 à 7,5 kg vidée et sans le cou

Pour la farce
Environ 750 g de pain de mie coupé en cubes
340 g de champignons à votre goût
1 oignon jaune
1 botte de céleri sans les branches extérieures
500 g de chair à saucisse
60 g de beurre doux, et un petit supplément pour enduire la dinde
95 cl à 1,4 l de bouillon de légumes peu salé
60 g de beurre salé (facultatif)

Pour rôtir la dinde
90 g de beurre doux

Ustensiles
1 ficelle et 1 aiguille à brider
1 sac de saumurage ou 1 marmite assez grande pour contenir la dinde avec la saumure (prévoyez l'espace nécessaire dans le réfrigérateur ou une grande glacière remplie de glace)
1 grande rôtissoire

1. **Préparation de la saumure :** dans une grande marmite pouvant contenir 10 l d'eau, versez 4,5 l d'eau puis ajoutez le sel, les grains de poivre et les herbes que vous souhaitez. Faites chauffer le tout à feu moyen-vif en remuant pour dissoudre le sel. Retirez du feu et versez 4,5 l d'eau avec de la glace. Touillez jusqu'à ce que celle-ci soit fondue, puis placez la marmite au réfrigérateur pour un refroidissement complet.
2. Si vous utilisez un sac de saumurage, placez-y la dinde poitrine vers le bas, et posez-la dans une rôtissoire afin de la soutenir. Remplissez le sac avec la saumure froide et fermez-le avec soin. Placez le tout dans le réfrigérateur ou la glacière et laissez reposer minimum 30 min et maximum 1 h par 0,45 kg. Si vous vous servez d'une marmite, déposez-y la dinde le cou vers le bas, puis versez la saumure. Couvrez et procédez comme indiqué précédemment.
3. **Préparation de la dinde :** préchauffez le four à 120 °C (th. 1-2) et étalez les cubes de pain de mie en une seule couche sur deux plaques à pâtisserie. Laissez le pain griller au four pendant 20 min puis éteignez le four et laissez-le refroidir. Cette étape peut être réalisée jusqu'à 3 jours à l'avance. Conservez alors le pain dans une boîte hermétique ou un sac en plastique.
4. Émincez les champignons et réservez-les. Coupez l'oignon et le céleri en dés en utilisant à la fois le cœur et les feuilles entières. Réservez à l'écart des champignons.
5. Dans une grande poêle, faites dorer la chair à saucisse à feu moyen-vif pendant 5 à 7 min. Écrasez-la soigneusement en petits morceaux à l'aide d'une spatule en bois. Lorsque la chair est dorée, transférez-la dans une assiette à l'aide d'une écumoire et mettez de côté.
6. Reposez la poêle sur le feu, mettez-y le beurre et, dès qu'il commence à mousser, ajoutez les champignons. Faites-les sauter en remuant de temps en temps : ils commenceront à brunir en 2-3 min. Ajoutez l'oignon et le céleri, puis poursuivez la cuisson en mélangeant jusqu'à ce qu'ils deviennent fondants, soit 3 à 5 min de plus. Retirez la poêle du feu et transférez les légumes dans un très grand récipient. Ajoutez la saucisse et mélangez avec soin.

7. Incorporez-y les cubes de pain grillé et mélangez. Versez le bouillon, 25 cl à la fois, jusqu'à ce que le mélange soit bien mouillé et commence à rester compact. Transférez alors environ un tiers de la farce dans un plat à gratin huilé.

8. Si vous souhaitez farcir la dinde, continuez à ajouter du bouillon au reste de la farce jusqu'à ce que celle-ci soit bien humide sans pour autant qu'elle se délite. Réservez cette farce, dont vous vous servirez dès que la dinde sera prête.

9. Dans le plat à gratin, égalisez la farce, couvrez-la d'une feuille de papier d'aluminium et mettez-la au réfrigérateur jusqu'au moment de la cuire. À ce moment-là, préchauffez le four à 180 °C (th. 6) et laissez cuire 30 min. Enlevez le papier d'aluminium, saupoudrez d'un peu de sel à votre goût et continuez de cuire jusqu'à ce que la température intérieure soit de 73 °C.

10. **Pour rôtir la dinde :** placez le plus bas possible dans votre four une lèchefrite surmontée d'une grille à rôtir et préchauffez à 165 °C (th. 5-6).

11. Sortez la dinde de la saumure, rincez-la et essuyez-la avec du papier absorbant. Si vous avez choisi de la farcir, remplissez-la de farce sans excès, puis bridez-la avec la ficelle et l'aiguille prévues à cet effet. Avec un pinceau à pâtisserie, badigeonnez la peau de la dinde de beurre fondu. Versez 23 cl d'eau dans la lèchefrite.

12. Déposez la dinde sur la grille à rôtir, poitrine vers le bas. Laissez cuire pendant 2 h en arrosant avec le jus de cuisson une seule fois, à mi-parcours.

13. Au bout de 2 h, sortez la dinde du four et, en vous protégeant les mains avec des gants de cuisine ou en vous servant de papier absorbant, saisissez la volaille par les deux extrémités pour la retourner. Arrosez-la de nouveau de jus de cuisson et remettez-la au four. Laissez-la rôtir encore 1 h à 1 h 30 ou jusqu'à ce que la température de la cuisse atteigne 80 °C et, le cas échéant, que le centre de la farce soit à 73 °C.

14. Sortez la dinde du four, recouvrez-la d'aluminium et laissez-la reposer 30 min avant de la découper. Servez-la avec de la farce, des légumes braisés (voir Rôti de bœuf du réveillon de Noël, page 74), des Super choux de Chourave (page 45) et/ou des Pommes de terre à la braise de Sirius Black (page 51).

Note | Pour les cubes de pain, il est succulent d'en combiner plusieurs sortes. Pain au levain, pain noir, pain aux multicéréales voire les pains aux noix et aux fruits secs qui peuvent ajouter une saveur extraordinairement originale à votre farce.
Si vous désirez que cette recette ne contienne pas de gluten, utilisez un mélange de farce sans gluten vendue dans le commerce ou utilisez des cubes de pain sans gluten.

Pour 2 parts en entrée
ou 6 en apéritif
Notes diététiques : SG

Poissons & Volailles

POISSON À LA FRANÇAISE
de Beauxbâtons

Les élèves et la directrice de l'Académie de Magie de Beauxbâtons auraient peut-être apprécié que cette entrée, à base d'huîtres et d'inspiration française, soit au menu du Bal de Noël, car elle se serait accordée aux autres plats de crustacés. Avec sa combinaison classique de saveurs de l'Hexagone telle que la pomme, le fenouil et les échalotes, ce plat se démarque comme le bleu des tenues de l'Académie. Cette recette peut être servie froide et crue ou chaude et cuite. Fleur Delacour et ses camarades de classe auraient sans doute préféré la version chaude car la costumière, Jany Temine, a choisi à dessein de les habiller d'un léger tissu de soie pour donner l'impression qu'elles ne sont pas préparées à la fraîche météo écossaise de Poudlard.

« La championne de Beauxbâtons est Fleur Delacour ! »

— Albus Dumbledore,
Harry Potter et la Coupe de Feu

INGRÉDIENTS

- 4 cuil. à soupe de vinaigre balsamique blanc
- ½ cuil. à café de sel, et un petit supplément pour les huîtres
- ½ cuil. à café de sucre
- ½ pomme verte épluchée, épépinée et coupée en dés
- 20 g d'échalote finement ciselée
- 10 g de fenouil finement haché avec les frondes
- 12 petites huîtres fraîches

1. Dans un petit récipient, combinez le vinaigre, le sel et le sucre puis remuez pour dissoudre ces derniers. Ajoutez la pomme, l'échalote et le fenouil. Touillez une nouvelle fois avant de laisser reposer à température ambiante 30 min afin que les saveurs se mélangent. Si vous n'utilisez pas cette sauce immédiatement, vous pouvez la conserver au réfrigérateur jusqu'à 3 jours dans un récipient hermétique.
2. Au moment de servir, grattez les huîtres et ne conservez pas celles qui sont déjà ouvertes. Écaillez-les et disposez-les sur un plateau à fruits de mer ou un plat de service contenant déjà un lit de sel. Déposez 1 cuil. à café de sauce sur chaque huître et servez le reste dans un petit bol avec une cuillère.
3. **Si vous n'appréciez pas les huîtres crues, voici une recette où elles sont cuites :** préchauffez le four à 150 °C (th. 2-3).
4. Grattez les huîtres et ne conservez que les fermées. Placez-les sur une plaque à pâtisserie et passez-les au four 3 à 5 min, jusqu'à ce qu'elles s'ouvrent.
5. Pendant le temps de cuisson, posez une poêle à frire sur un feu moyen et déposez-y 30 g de beurre doux. Lorsqu'il commence à mousser, versez la sauce vinaigrée à la pomme et au fenouil, et faites sauter jusqu'à ce que la majeure partie du liquide se soit évaporée, soit 2 à 3 min. Retirez du feu et réservez.
6. Sortez les mollusques du four et réglez-le sur gril fort. Ouvrez chaque huître et détachez la chair de sa coquille tout en la laissant dedans. Couvrez chaque huître d'environ 2 cuil. à café de sauce et passez au four afin que le mélange à la pomme brunisse. Servez immédiatement.

Pour 4 parts
Notes diététiques : SG

Poissons & Volailles

TOURTE ANGLAISE
au poisson du Bal de Noël

La classique tourte britannique au poisson remonte au début du XVIIe siècle. Elle est devenue une alternative piscicole à la « tourte du berger », et est aussi appelée « tourte du pêcheur » car sous sa croûte crémeuse de purée de pommes de terre, l'agneau est remplacé par du poisson. Dans *Harry et la Coupe de Feu*, des produits de la mer sont servis au Bal de Noël mais sous la forme de plats froids, pas aussi réconfortants et copieux que cette recette. Pour l'entrée, l'équipe chargée des décors du film s'est rendue au célèbre marché aux poissons de Londres, le Old Billingsgate Market. N'ayez crainte, notre version ne vous demandera pas tant d'efforts.

INGRÉDIENTS

Pour la purée de pommes de terre

750 g de pommes de terre (Bintje, par exemple) pelées et coupées en cubes grossiers

60 g de beurre doux

45 g de parmesan râpé

Sel et poivre fraîchement moulu à votre goût

Pour la garniture de la tourte

1 cuil. à soupe d'huile d'olive

15 g de beurre salé

2 carottes coupées en dés

4 oignons nouveaux, uniquement le blanc et le vert émincés finement

2 gousses d'ail ciselées

125 g de crème fraîche

500 g de cabillaud, d'aiglefin ou de bar

15 g de feuilles de persil grossièrement hachées

1 citron pour le zeste et le jus

½ cuil. à café de sel

« Enfin, Harry ! Tu tues des dragons ! Si toi tu ne trouves pas de cavalière…

– J'aimerais mieux affronter un dragon en ce moment. »

— Ron Weasley et Harry Potter,
Harry Potter et la Coupe de Feu

1. **Préparation de la purée :** sur feu moyen, portez à ébullition une grande casserole d'eau salée. Ajoutez les pommes de terre coupées en cubes. Portez de nouveau à ébullition puis laissez mijoter, toujours à feu moyen, pendant 10 à 15 min jusqu'à ce que les légumes soient très tendres.
2. Égouttez les pommes de terre et remettez-les dans la casserole chaude. Reposez-la sur la cuisinière, feu éteint et écrasez avec soin les légumes jusqu'à ce que la plus grande partie de la vapeur se soit échappée. Ajoutez le beurre et la moitié du parmesan. Remuez afin que le beurre fonde. Continuez à touiller jusqu'à ce que les pommes de terre soient légères et moelleuses. Goûtez et, si nécessaire, ajustez l'assaisonnement avec du sel et du poivre moulu. Réservez.
3. **Préparation de la garniture :** préchauffez le four à 190 °C (th. 6-7).
4. Posez une poêle sur un feu moyen-vif, versez l'huile d'olive et le beurre. Lorsque celui-ci commence à mousser, ajoutez les carottes, les oignons nouveaux et l'ail. Faites sauter jusqu'à ce que les légumes deviennent tendres, soit environ 3 min.
5. Ajoutez la crème fraîche et poursuivez la cuisson pendant 3 à 5 min en remuant, jusqu'à ce qu'elle réduise et s'épaississe. Versez la préparation dans un plat à gratin de 23 cm sur 23 cm et réservez.
6. Retirez méticuleusement les arêtes du poisson puis coupez-le en dés de 2,5 cm. Dans un récipient de taille moyenne, mélangez le poisson avec le persil, le jus et le zeste de citron, et le sel. Répartissez équitablement ce mélange sur la crème dans le plat à gratin.
7. À l'aide d'une cuillère à soupe, déposez la purée sur le poisson et recouvrez toute la surface. Nivelez celle-ci avec le dos de la cuillère et, en l'appuyant dans la purée, dessinez un motif rappelant la peau écaillée des poissons. Saupoudrez du reste de parmesan râpé. Mettez à cuire au four 20 à 25 min, jusqu'à ce que le dessus brunisse et bouillonne. Les restes peuvent être conservés 1 jour dans un récipient hermétique.

DESSERTS

KEEP
FALMOUTH FALCONS
HOLYHEAD HARPIES
KENMARE KESTRELS
MONTROSE MAGPIES
PRIDE OF PORTREE
PUDDLEMERE UNITED
TUTSHILL TORNADOS
WIGTOWN WANDERERS
WIMBOURNE WASPS
TOTAL

Pour 4 à 5 assortiments (1 Vif d'or, 2 Cognards et 1 Souafle)
Notes diététiques : SG, V*

Friandises à offrir

POPCORN
« Vif d'or »

En intégrant l'équipe de Quidditch de Gryffondor dans *Harry Potter à l'École des Sorciers*, le jeune magicien devient le plus jeune attrapeur que Poudlard ait connu en un siècle. Son rôle consiste à saisir le Vif d'or, une petite balle au vol aussi rapide que celui d'un colibri et qui, quand on s'en empare, rapporte 150 points et met fin à la partie. Plusieurs idées ont été envisagées pour les ailes du Vif d'or afin de lui conférer un aérodynamisme crédible, mais celui-ci n'aura qu'un seul but à atteindre : votre bouche, comme une succulente friandise de fête. Les autres balles, les Cognards frappés par les batteurs pour déstabiliser les joueurs adverses et le Souafle qui attribue des points quand il passe dans un des cerceaux servant de buts, sont également présents dans cette recette.

> **« La seule balle dont tu dois te soucier est celle-ci : le Vif d'or. »**
>
> — Olivier Dubois,
> *Harry Potter à l'École des Sorciers*

INGRÉDIENTS

- 200 g de popcorn du commerce (ou 130 g de grains de maïs crus si vous le faites vous-même)
- 1 cuil. à soupe d'eau
- 25 cl de Golden Syrup (ou de sirop d'érable)
- 60 g de mini-guimauves type Chamallows
- 450 g + 70 g de sucre glace
- ½ cuil. à café de sel
- 60 g de beurre doux, et un petit supplément pour la confection
- 2 cuil. à soupe de poudre de cacao intense
- 25 g de poudre de cacao
- 200 g de pépites de chocolat blanc (facultatif)
- 10 cure-dents (facultatif)
- Poudre d'or alimentaire (facultatif)

Suite à la page 88

Suite de la page 87

1. **Préparation des balles :** recouvrez deux plaques à pâtisserie d'un tapis de cuisson en silicone ou de papier sulfurisé. Prévoyez un peu de beurre ramolli pour vous graisser les mains.
2. Versez l'eau, le Golden Syrup, les mini-guimauves, le sucre glace, le sel et le beurre dans une casserole de taille moyenne. Portez à ébullition à feu moyen en remuant sans interruption, jusqu'à ce que les guimauves aient fondu et que le mélange soit homogène.
3. Versez cette préparation sur le popcorn et mélangez rapidement. Veillez à incorporer tout le mélange de sirop : il ne doit pas en rester au fond de la casserole. Laissez reposer pendant 1 à 2 min.
4. Avec vos mains beurrées, créez les Vif d'or en rassemblant en une balle compacte la valeur de 2 cuil. à soupe de popcorn. Placez-les sur l'une des plaques à pâtisserie. Ensuite, confectionnez les Cognards par paire en utilisant un volume équivalent à ½ tasse de la préparation. Donnez-leur la forme de balles compactes de taille équivalente et posez-les sur une des plaques. Il vous faudra repasser régulièrement un peu de beurre sur vos doigts.
5. Pour réaliser les Souafles, prélevez un volume de la préparation équivalent à 1 tasse. Comme précédemment, compactez vos balles. Une fois que c'est fait, servez-vous de vos pouces et de vos index pour créer les creux caractéristiques des Souafles : commencez par en faire trois profonds sur les côtés de la balle et deux plus légers au sommet et à la base. Déposez le tout sur les plaques à pâtisserie.
6. **Décoration :** versez le sucre glace dans une assiette creuse et roulez-y chaque Vif d'or pour l'enrober. Réservez (le sucre restant pourra être réutilisé).
7. Versez la poudre de cacao intense dans une deuxième assiette creuse et, en restant au-dessus, servez-vous d'un pinceau à pâtisserie pour recouvrir la surface de chaque Cognard. Répétez l'opération avec une assiette creuse propre dans laquelle vous aurez versé la poudre de cacao brune pour colorer les Souafles.
8. **Confection des ailes des Vif d'or :** faites fondre le chocolat blanc au micro-ondes en deux sessions de 30 sec puis remuez jusqu'à ce qu'il soit bien lisse. Posez une feuille de papier sulfurisé sur le plan de travail et prenez un couteau d'office. Prélevez sur les trois premiers centimètres de la lame une belle couche de chocolat blanc, puis déposez-la sur le papier sulfurisé comme si vous posiez de la peinture sur une palette, en lui donnant une forme d'aile. Plantez un pique à olives au centre de la plume en laissant environ 1,5 cm dépasser. Si nécessaire, versez un peu de chocolat sur le pique pour le camoufler. Avec les dents d'une fourchette à escargots, dessinez très délicatement les plumes des ailes dans le chocolat en veillant à ne pas aller jusqu'au bord. Répétez l'opération pour créer l'autre aile en inversant les mouvements. Continuez jusqu'à ce que vous ayez assez d'ailes et laissez-les durcir 5 min.
9. Une fois dures, décollez délicatement les ailes du papier sulfurisé en les tenant toujours par le pique à olives. Saupoudrez avec soin un peu de poudre d'or sur les deux côtés de chaque aile et plantez-les dans les boules de popcorn au moment de servir avec l'embout des piques à olives.

Remarque | Les ailes en chocolat étant très fragiles, n'hésitez pas à en confectionner plus que nécessaire. Pour des plus solides, de nombreuses ailes en papier sont disponibles en ligne. Informez juste vos convives que ce sont des éléments de décor non comestibles. Une version végétarienne de cette recette nécessitera des guimauves végétariennes.

CRAQUANTS AUX GRAINES
de citrouille d'Hagrid

Pour 1 gâteau d'environ 600 g
Notes diététiques : SG, V

Friandises à offrir

Il n'y a pas que la chair de la citrouille dont on peut se servir dans de savoureuses recettes. Ses graines entrent aussi dans la composition de nombreux en-cas et desserts. Il ne serait donc pas très étonnant qu'Hagrid utilise toutes les parties de cette courge qu'il cultive dans son jardin. Les craquants sont une friandise de base aux cacahuètes et d'origine sud-américaine. Ils ont toutefois été adaptés dans le monde entier et cette déclinaison aux graines de citrouille est aussi nourrissante… que délicieuse.

> **« J'ai… j'ai reçu des cadeaux ? »**
>
> — Harry Potter,
> *Harry Potter à l'École des Sorciers*

INGRÉDIENTS

- 335 g de sucre en poudre
- 13 cl de sirop de maïs
- 13 cl + 2 cuil. à soupe d'eau
- 240 g de graines de citrouille torréfiées et salées
- 15 g de beurre doux, et un petit supplément pour beurrer une plaque à pâtisserie
- 1 cuil. à café de levure chimique
- 1 cuil. à café d'extrait de vanille
- 2 cuil. à café de fleur de sel

1. Beurrez une plaque à pâtisserie.
2. Combinez le sucre, le sirop de maïs, l'eau et les graines de citrouille dans un récipient allant au micro-ondes et cuisez l'ensemble 7 min à puissance maximale. En protégeant vos mains, sortez le contenant du micro-ondes, posez-le sur le plan de travail et mélangez le tout avec soin.
3. Remettez de nouveau à cuire à puissance maximale 15 à 17 min ou jusqu'à ce que le sirop se délite en fils : c'est le signe que la température de cuisson des craquants (ou 150 °C sur un thermomètre de confiseur) a été atteinte. Pendant la cuisson, préparez le beurre, la levure chimique et l'extrait de vanille sans les mélanger.
4. Une fois que le mélange graines/sirop est cuit, sortez-le avec précaution du micro-ondes et incorporez le beurre, la levure chimique et l'extrait de vanille pour obtenir une couleur légère et un ensemble mousseux.
5. Versez le mélange sur la plaque à pâtisserie beurrée et étalez-le en une fine couche. Alors qu'il est encore chaud, saupoudrez-le de fleur de sel. Laissez-le complètement refroidir avant de briser cette couche en plusieurs morceaux adaptés à une bouchée. Conservez jusqu'à 1 semaine dans une boîte hermétique.

Pour environ 16 pop cakes
Notes diététiques : V

POP CAKES
multisaveurs

Lors du premier Noël passé ensemble, dans *Harry Potter à l'École des Sorciers*, Ron se régale d'une boîte de Dragées surprises de Bertie Crochue en regardant Harry ouvrir ses cadeaux. Nos pop cakes évoquent ces célèbres sucreries de sorcier, en imitant l'emballage rouge, blanc et jaune créé par les concepteurs artistiques Miraphora Mina et Eduardo Lima. Chaque pop cake est surmonté d'un bonbon gélifié (un « bean ») demandant aux amateurs de deviner s'ils font le bon choix : rappelons que les Dragées surprises de Bertie Crochue peuvent être parfumées au cérumen ou à la crotte de nez. L'intérieur sera-t-il aussi agréable que la délicieuse petite friandise ? Mystère.

> **« La surprise, c'est les parfums.**
> **Il y a au chocolat ou à la menthe.**
> **Il y a aussi épinards**
> **ou foie et tripes. »**
>
> — Ron Weasley,
> *Harry Potter à l'École des Sorciers*

Suite à la page 92

Suite de la page 91

INGRÉDIENTS

1 gâteau préparé avec la moitié des ingrédients du Trifle des Trois Sorciers (page 131), réduit en miettes

60 g de fromage frais (style Philadelphia) battu

30 g de beurre ramolli

100 g de pépites de chocolat blanc fondu

90 g de Dragées surprises de Bertie Crochue

560 g de chocolat à dessert blanc

140 g de Candy Melts Rouge (disponible sur le net)

140 g de Candy Melts Jaune (disponible sur le net)

Ustensiles

16 bâtons à sucettes

2 petit pinceaux à dessin propres

1. Dans le bol d'un mixer équipé d'une feuille à pâtisserie, mélangez les miettes de gâteau, le fromage frais et le beurre pour obtenir une pâte agglomérée. Après avoir raclé les bords du bol, ajoutez le chocolat fondu. Mixez à nouveau le tout à vitesse moyenne jusqu'à ce que les ingrédients soient homogènes et que la pâte n'attache plus aux parois du bol.
2. Habillez une plaque à pâtisserie d'un tapis de cuisson en silicone ou de papier sulfurisé. Triez les dragées et décidez de combien de pop cakes « surprises » vous allez confectionner. Réunissez les saveurs en créant 16 paires, soit 32 draguées, de « bonnes combinaisons » comme des « inattendues » telles que de la pomme verte avec de l'herbe ou de la guimauve avec du cérumen.
3. Faites fondre 30 g du chocolat à dessert blanc pendant 30 sec et mélangez-le jusqu'à ce qu'il soit lisse.
4. Confectionnez les pop cakes en roulant pour chaque boule environ 35 g du mélange à base de gâteau. Placez-les sur la plaque à pâtisserie. Procédez jusqu'à ne plus avoir de pâte. Piquez un bâton à sucettes dans le chocolat blanc fondu, puis enfoncez-le d'au moins 2 cm dans une boule. Recommencez le processus jusqu'à ne plus avoir de bâton. Insérez une dragée au sommet de chaque boule de façon qu'elle tienne mais reste visible. Rangez à part les pop cakes « surprises » et mettez le tout au congélateur pendant 1 h.
5. Après presque 1 h écoulée, faites fondre le reste du chocolat à dessert blanc au bain-marie ou au micro-ondes en plusieurs sessions de 30 sec. Mélangez jusqu'à ce qu'il soit bien lisse.
6. En procédant un pop cake après l'autre, regardez quelle draguée le surmonte, trouvez sa paire précédemment associée, puis plongez-le dans le chocolat. Assurez-vous de l'enrober jusqu'au bâton, enlevez le chocolat en excédent, reposez-le sur la plaque puis collez par-dessus la draguée associée. Répétez le processus pour chaque pop cake.
7. Laissez-les reposer 5 à 10 min.
8. Versez les deux variétés de Candy Melts dans deux bols distincts et passez-les au micro-ondes en deux sessions de 30 sec, soit 1 min. Mélangez pour que le résultat soit bien lisse. À l'aide de deux pinceaux propres, peignez des bandes rouges et jaunes sur les pop cakes. Laissez reposer 5 min supplémentaires.
9. Une fois qu'ils sont prêts, les pop cakes peuvent être conservés jusqu'à 3 jours dans une boîte hermétique placée dans un endroit frais, ou être enveloppés dans un morceau de cellophane pour les offrir.

ONEYDUKES
HO

Pour environ 12 pièces
Notes diététiques : V

TARTELETTES
aux fruits hachés

Quelle que soit leur taille, les tartes aux fruits hachés sont des incontournables du Noël britannique. Lors de leur création au Moyen Âge, elles étaient faites de mouton ou bœuf haché, remplacés ensuite par des fruits frais et confits à l'époque victorienne. La tradition anglaise veut que l'on mélange les éléments hachés dans le sens des aiguilles d'une montre en formulant un vœu. Dans *Harry Potter et le Prince de Sang-Mêlé*, durant les vacances de Noël chez les Weasley, Ginny fait goûter une de ces tartelettes à Harry qui semble bien apprécier.

> **« Ouvre la bouche. »**
>
> — Ginny Weasley à Harry Potter,
> *Harry et le Prince de Sang-Mêlé*

Suite à la page 96

Suite de la page 95

INGRÉDIENTS

Pour la garniture
1 citron pour le zeste et le jus
2 pommes épluchées, épépinées et émincées
30 g de beurre doux
150 g de cassonade
6 cl de jus de pomme
110 g de raisins secs blonds (type Golden)
115 g de groseilles
30 g de gingembre confit haché
2 cuil. à soupe de marmelade d'oranges
¼ de cuil. à café de clou de girofle moulu

Pour la pâte
290 g de farine tout usage
1 cuil. à café de sel
2 cuil. à café de sucre en poudre
½ cuil. à café de cannelle en poudre
120 g de beurre doux très froid, et un petit supplément pour le moule
60 g de margarine très froide
7,5 cl d'eau glacée

Ustensiles
1 moule à muffins avec 12 cavités
1 emporte-pièce rond de 7,5 cm ou 1 coupe-pâte
1 emporte-pièce en forme d'étoile de 5 cm de large

1. **Préparation de la garniture :** zestez le citron, pressez-le et réservez le zeste et le jus. Dans une casserole moyenne, cuisez à feu moyen les pommes, le beurre et le jus de citron pendant environ 5 min jusqu'à ce que les fruits soient tendres. Ajoutez la cassonade et le jus de pomme et laissez cuire encore 5 à 7 min pour dissoudre la cassonade.
2. Incorporez les raisins, les groseilles, le gingembre, la marmelade et le clou de girofle en poudre et mélangez bien. Faites cuire jusqu'à ce que la préparation soit assez épaisse pour recouvrir le dos d'une cuillère, soit environ 10 min. Transférez le tout dans un récipient et ajoutez le zeste de citron, laissez refroidir avant de garnir les tartelettes.
3. **Préparation des fonds de tartelettes :** dans un grand récipient, mélangez la farine, le sel, le sucre en poudre et la cannelle. Ajoutez le beurre et la margarine coupés en morceaux. Mélangez le tout à l'aide d'un mélangeur à pâtisserie ou de deux fourchettes. Petit à petit, ajoutez l'eau glacée et mêlez avec soin jusqu'à obtenir une boule de pâte.
4. Beurrez les cavités du moule à muffins. Séparez la pâte en deux et abaissez une moitié pour obtenir une couche d'environ 3 mm d'épaisseur. Avec l'emporte-pièce rond, coupez des fonds de tartelettes et déposez-les dans les cavités. Veillez à bien les poser au fond de chacune d'entre elles et que les bords soient les plus verticaux possible. Avec les dents d'une fourchette, froncez le haut des bords. Mettez le moule au réfrigérateur.
5. Abaissez l'autre moitié de la pâte et découpez des étoiles (ou des cercles) de 5 cm de largeur avec l'emporte-pièce approprié. Posez-les sur une plaque à pâtisserie et mettez-les au réfrigérateur 15 min.
6. Préchauffez le four à 190 °C (th. 6-7).
7. Sortez le moule à muffins du réfrigérateur. Remplissez chaque fond de tartelettes de 3 cuil. à soupe de garniture puis déposez une étoile (ou un cercle) de pâte dessus. Enfournez pour 20 à 25 min de cuisson jusqu'à ce que la garniture bouillonne légèrement et que la pâte soit dorée. Laissez alors refroidir 15 min avant de démouler les tartelettes avec une spatule coudée. Laissez-les complètement refroidir sur une grille, puis disposez-les dans une boîte hermétique en séparant chaque couche d'un papier sulfurisé. Ainsi, vous pourrez les conserver jusqu'à 3 jours à température ambiante.

Une nuit d'hiver étoilée au Terrier, la maison familiale des Weasley, sur le dessin préliminaire d'Andrew Williamson pour *Harry Potter et le Prince de Sang-Mêlé*.

Pour 3 cakes de 15 cm
Notes diététiques : V

Friandises à offrir

CAKES
aux fruits de Noël

Le cake aux fruits britannique, aussi considéré comme un cake de Noël, est fourré de fruits secs de saison tels que des cerises et des abricots, qui lui apportent son goût sucré, et des amandes effilées, qui lui donnent sa savoureuse texture. Les gâteaux aux fruits et aux noix sont devenus extrêmement populaires dans les îles britanniques durant le Moyen Âge. Il n'est donc guère surprenant qu'ils soient servis aux banquets de Poudlard puisque c'est à cette période que l'école a été fondée. Une goutte de cognac rendra ce gâteau aussi agréable que la sensation de s'asseoir aux tables de trente mètres de la Grande Salle, juste devant son âtre monumental.

> **« Ding dong, ding dong,**
> **Que sonne la cloche de Poudlard ! »**
>
> — Chanteurs de Noël fantômes,
> *Harry Potter à l'École des Sorciers*

Suite à la page 100

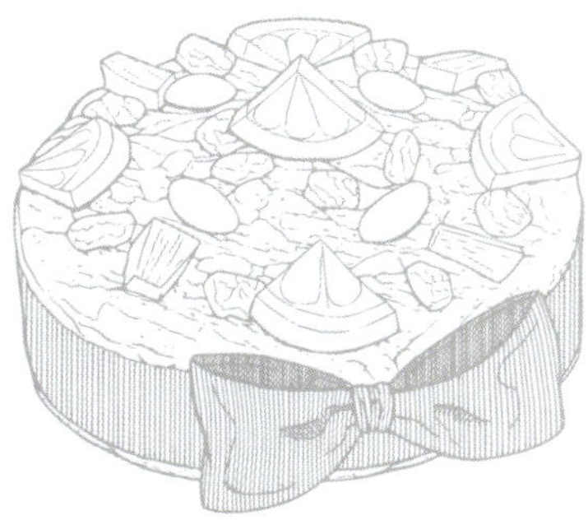

Suite de la page 99

INGRÉDIENTS

- 65 g de raisins secs blonds (type Golden)
- 65 g de cerises séchées coupées en morceaux
- 190 g d'abricots séchés coupés en morceaux
- 35 cl de cognac
- 240 g de beurre demi-sel, et un petit supplément pour les moules
- 225 g de cassonade
- 110 g de sucre en poudre
- 4 œufs clarifiés
- 160 g d'amandes effilées
- 290 g de farine tout usage, et un petit supplément pour les moules
- 1 cuil. à café de levure chimique
- ½ cuil. à café de sel
- ½ cuil. à café de noix de muscade
- ½ cuil. à café de cinq-épices

Ustensiles

- 3 moules à cake de 15 cm
- 3 morceaux d'étamine alimentaire de 15 x 15 cm
- 3 morceaux de feuilles de papier d'aluminium de 15 x 15 cm

1. Mélangez les raisins, les cerises et les abricots dans un grand récipient doté d'un couvercle hermétique. Versez 24 cl de cognac à niveau, en gardant le reste de côté. Remuez, fermez le récipient et laissez tremper toute une nuit à température ambiante.
2. Le lendemain, égouttez les fruits au-dessus d'un autre récipient. Réservez les fruits et le liquide.
3. Beurrez les moules, farinez-les et chemisez les fonds d'une feuille de papier sulfurisé. Préchauffez le four à 135 °C (th. 4-5).
4. Battez le beurre dans un mixeur pendant 1 min pour qu'il soit léger et mousseux. Ajoutez petit à petit la cassonade et le sucre en poudre, et continuez à battre jusqu'à homogénéisation. Ajoutez les jaunes d'œufs un par un, en touillant à chaque fois et en raclant les parois du bol à l'aide d'une maryse.
5. Dans un récipient moyen, mélangez les amandes et 60 g de farine puis réservez. Dans un autre contenant, mêlez la farine restante avec la levure, le sel, la noix de muscade et le cinq-épices.
6. Combinez la moitié du mélange de farine avec le mélange au beurre et battez pour obtenir un résultat homogène. Ajoutez le liquide des fruits, fouettez et raclez les parois du bol. Ajoutez le reste du mélange de farine et battez jusqu'à homogénéisation. Réservez.
7. Dans un autre bol, montez les blancs d'œufs jusqu'à ce qu'ils forment des becs. Incorporez-les au mélange précédent puis ajoutez les fruits et les amandes. Divisez la pâte équitablement entre les trois moules. Mettez à cuire 1 h à 1 h 30 jusqu'à ce que la lame d'un couteau ressorte propre et sèche du centre, et que la surface soit dorée. Sortez les cakes et laissez-les refroidir 15 min avant de les démouler à l'aide d'une spatule coudée, en les déposant sur une grille. Retournez-les et attendez qu'ils soient vraiment froids.
8. Cela fait, mouillez les morceaux d'étamine alimentaire avec ce qu'il reste du cognac. Mettez une feuille de papier d'aluminium sur le plan de travail. Couvrez-la d'un morceau d'étamine, posez un cake au centre et enveloppez-le totalement. L'étamine doit donc être en contact avec le cake. Recommencez pour les deux autres.
9. Les cakes peuvent être conservés jusqu'à 3 mois au réfrigérateur. Vous pouvez les manger sans attendre mais mieux vaut laisser les saveurs se développer et le cognac les imbiber pendant au moins 1 mois. Vérifiez l'état de l'étamine toutes les 2 semaines. Si elle est sèche, mouillez-la à nouveau de cognac et refermez l'aluminium.
10. Au service, vous pouvez décorer le cake avec des fruits secs et des noix ou l'offrir entier dans l'aluminium entouré d'un joli ruban.

Pour 8 parts
Notes diététiques : V

Friandises à offrir

TARTE
à la mélasse

La tarte à la mélasse est l'essence même de la gourmandise servie en Grande-Bretagne à l'heure du thé. C'est aussi l'un des desserts préférés d'Harry Potter. Il s'agit d'un sous-produit du raffinage du sucre qui se décline en deux variétés : claire ou foncée. Cette recette utilise du Golden Syrup, forme la plus légère de la mélasse, mélangée à du citron et de la panure pour obtenir une garniture semblable à de la crème pâtissière, auquel on ajoute la douceur des pépites de chocolat.

> **« Joyeux Noël, Harry.**
> **– Joyeux Noël, Ron. »**
>
> — Ron Weasley et Harry Potter, *Harry Potter à l'École des Sorciers*

INGRÉDIENTS

La moitié de la recette de la Tarte-échiquier « Version sorcier » (page 107) dans laquelle on remplace la ½ cuil. à café de gingembre par ½ cuil. à café de cannelle

1 citron pour son zeste et son jus

23 cl de Golden Syrup (disponible sur le net)

2 œufs

120 g de panure

85 g de pépites de chocolat peu sucrées

Crème Chantilly pour servir (facultatif)

Ustensile

1 moule à tarte en métal à fond amovible de 22 cm ou 1 moule en céramique

1. Sur un plan de travail fariné, abaissez la pâte et déposez-la dans le moule à tarte. S'il s'agit d'un moule en métal à fond amovible, débarrassez-vous du surplus éventuel de pâte en la coupant avec le bord du moule. Si c'est un moule en céramique, utilisez un couteau. Mettez 30 min au réfrigérateur.
2. Quand les 30 min touchent à leur fin, préchauffez le four à 220 °C (th. 7-8).
3. Habillez le fond de tarte refroidi d'une feuille de papier d'aluminium et versez-y des billes à pâtisserie ou des haricots secs. Mettez à cuire 10 min. Sortez le fond de tarte du four, retirez l'aluminium et les billes et piquez la pâte avec une fourchette. Remettez à cuire 10 min.
4. Pendant ce temps, préparez la garniture. Dans un grand récipient, mélangez le jus de citron et son zeste, le Golden Syrup et les œufs jusqu'à obtenir un mélange homogène. Versez la panure et remuez pour que le résultat soit le plus lisse possible.
5. Sortez le fond de tarte du four et saupoudrez-y les pépites de chocolat. Laissez reposer 5 min. Versez la garniture et mettez à cuire 20 à 25 min jusqu'à ce que la garniture soit cuivrée et prise, même si elle reste encore un peu liquide au centre. Laissez-la refroidir sur une grille. La tarte peut être servie tiède ou froide et avec de la crème Chantilly, si vous le désirez.

Pour 8 à 12 parts
Notes diététiques : V

Friandises à offrir

GÂTEAU ENNEIGÉ DU TERRIER

Dans *Harry Potter et le Prince de Sang-Mêlé*, Harry passe Noël au Terrier. Pour l'occasion, la table s'est vue dressée de pochettes-surprises, d'un service en porcelaine dépareillé et, en son centre, trône un gâteau couvert de pics en glaçage blanc sur lesquels skie un bonhomme de neige miniature. Notre *sponge cake*, recette anglaise iconique, est ainsi décoré de truffes en forme de bonhomme de neige. Le foyer des Weasley est aussi décalé qu'accueillant : la décoratrice Stephenie McMillan a voulu que tout ce qui s'y trouve donne le sentiment d'avoir été acheté dans des vide-greniers ou d'avoir été jeté puis récupéré. La maison, quant à elle, semble avoir été bâtie par le père de famille sur son temps libre.

> **« Ding dong ding dong**
> **Illuminez le matin de Noël.**
> **Envolez-vous à travers le ciel**
> **Et embrasez la nuit**
> **de vos ailes. »**
>
> — Chanteurs de Noël fantômes, *Harry Potter à l'École des Sorciers*

INGRÉDIENTS

Pour la pâte à gâteau
3 œufs
23 cl de lait entier
1 petite orange pour son zeste
2 cuil. à soupe de jus d'orange
1 cuil. à café de pâte ou d'extrait de vanille
260 g de farine tout usage
280 g de sucre en poudre
4 cuil. à café de levure chimique
¼ de cuil. à café de sel
175 g de beurre demi-sel et ramolli

Pour les truffes
170 g de chocolat blanc
60 g de crème fraîche épaisse
¼ cuil. à café d'extrait d'orange
¼ cuil. à café de gingembre moulu
Fécule de maïs pour fariner vos mains
170 g de Candy Melts Blanc (disponible sur le net) ou de chocolat blanc supplémentaire (voir note)
Bonbons gélifiés, des torsades de réglisse et des perles de sucre (facultatif)

Pour le glaçage et la garniture
340 g de chocolat blanc
510 g de fromage frais
285 g de beurre doux ramolli
2 cuil. à soupe de jus d'orange
1 cuil. à café d'extrait de vanille
80 g de marmelade d'oranges
4 à 6 bretzels en stick (facultatif)
Étoiles brillantes en sucre (facultatif), telles que des Fancy Sprinkles (disponible sur le net)

Ustensiles
1 poche et 1 douille à décorer en forme d'étoile et à large ouverture
2 moules à gâteau de 20 cm

Suite à la page 104

Suite de la page 103

1. **Préparation de la pâte à gâteau :** habillez le fond de chaque moule à gâteau d'un cercle de papier sulfurisé. Préchauffez le four à 180 °C (th. 6).
2. Fouettez les œufs dans un récipient de taille moyenne. Ajoutez le lait, le zeste et le jus d'orange, et l'extrait de vanille. Mélangez et réservez.
3. Dans le bol d'un mixeur équipé d'une feuille de pétrissage (ou un grand récipient, en vous servant d'un mixeur à main), versez la farine, le sucre, la levure et le sel. Mélangez pour obtenir un résultat homogène. Ajoutez le beurre en battant à petite vitesse jusqu'à ce que des brisures de pâte se forment.
4. Réservez 12 cl du mélange aux œufs et versez le reste dans la pâte. Mélangez à vitesse moyenne (ou rapide avec un mixeur à main) pendant 2 min. Ajoutez le reste du mélange aux œufs et mixez 1 min. Arrêtez la machine, raclez les parois du bol et mixez 30 sec de plus. Versez une part égale de pâte dans chaque moule et mettez à cuire 20 à 25 min, jusqu'à ce que la lame d'un couteau ressorte propre et sèche du centre. Sortez les gâteaux et laissez-les refroidir 15 min, puis démoulez-les à l'aide d'une spatule coudée en les renversant sur une grille.
5. **Préparation des truffes :** mettez le chocolat dans un récipient pouvant passer au micro-ondes et ajoutez la crème fraîche. Faites chauffer 1 min au micro-ondes, laissez reposer 5 min et mélangez pour lisser le tout. Incorporez l'extrait d'orange et le gingembre. Couvrez et mettez au froid 2 à 3 h ou jusqu'à ce que le mélange soit assez ferme pour être travaillé.
6. Recouvrez une plaque à pâtisserie d'un tapis de cuisson en silicone ou d'une feuille de papier sulfurisé. Sortez le mélange au chocolat du réfrigérateur. Farinez-vous les mains avec la fécule de maïs et confectionnez 4 grosses boules d'un volume de 2 cuil. à soupe chacune. Ajoutez 4 petites boules d'un volume de 2 cuil. à café chacune. Réservez les truffes sur la plaque.
7. Faites fondre le glaçage de votre choix (voir note) dans un récipient pouvant aller au micro-ondes et mélangez pour le lisser. Roulez chaque boule dans le glaçage pour les enrober, éliminez tout excédent et reposez-les sur la plaque. Réservez le reste du glaçage pour tenir les décors.
8. Une fois les truffes enrobées, mettez la plaque 5 min au réfrigérateur puis confectionnez le bonhomme de neige en collant une petite truffe sur une grosse avec un peu de glaçage.
9. Décorez-le d'un chapeau en bonbon gélifié, d'une écharpe en torsade de réglisse et réalisez les yeux et le nez avec des perles de sucre. Fixez tout cela d'un peu de glaçage. Conservez ce personnage et les truffes restantes au réfrigérateur dans une boîte hermétique jusqu'au moment de servir.
10. **Pour préparer le glaçage :** faites chauffer le chocolat au micro-ondes en plusieurs sessions de 30 sec et en remuant entre chacune pour obtenir un résultat lisse.
11. Dans le bol d'un mixeur équipé d'une feuille de pétrissage, battez le fromage frais environ 2 min. Il doit être lisse et aérien. Raclez les parois du bol. Ajoutez le chocolat en trois fournées, en mixant d'abord 30 sec à basse vitesse puis 30 sec de plus à vitesse rapide, après chaque ajout. Une fois que tout le chocolat est incorporé, raclez de nouveau les parois du bol. En laissant le mixeur tourner à vitesse moyenne, ajoutez petit à petit le beurre jusqu'à ce qu'il soit bien amalgamé. Raclez encore une fois les parois du bol, remplacez la feuille de pétrissage par un fouet et ajoutez le jus d'orange et la vanille. Fouettez à vitesse rapide pendant 30 sec à 1 min pour obtenir un résultat léger et gonflé.
12. Mélangez un volume égal de glaçage et de marmelade, puis réservez.
13. **Pour confectionner le gâteau :** déposez un peu de glaçage sur un plat à gâteau puis placez-y le premier gâteau. Couvrez le dessus d'une couche de même épaisseur de glaçage à la marmelade. Déposez dessus le deuxième gâteau puis servez-vous du reste du glaçage pour recouvrir tout le gâteau, le sommet comme les côtés. Pour confectionner les arbres, équipez une poche d'une douille en forme d'étoile à large ouverture et mettez-y le glaçage restant. Déposez-en sur le dessus de la réalisation, aux endroits où vous désirez créer un arbre afin d'en faire la base. Plantez dans chaque base un bretzel en stick, en n'hésitant pas à bien l'enfoncer. Entrez le bretzel dans la douille de la poche : celle-ci doit toucher la base visible du bretzel. Déposez un peu de glaçage, remontez et recommencez en veillant à diminuer la pression à chaque dépôt, pour faire des étoiles de plus en plus petites. Cela fait, mettez le gâteau au réfrigérateur et ne le sortez que 1 h avant de le servir.
14. Au service, ajoutez le bonhomme de neige et les « boules de neige » supplémentaires. Utilisez les étoiles en sucre pour créer les traces des skis de votre personnage.

Note | Le chocolat blanc est en fait d'un blanc cassé. Pour une couleur plus neigeuse, enrobez les truffes avec les Candy Melts Blanc fondus.

Pour environ 24 cupcakes
Notes diététiques : V

Gâteaux & Tartes

CUPCAKES somnifères

Dans *Harry Potter et la Chambre des Secrets*, durant les vacances de Noël, Harry, Ron et Hermione s'évertuent à découvrir qui est le descendant de Salazar Serpentard ayant lâché le terrible Basilic sur des élèves nés-Moldus. Pour y parvenir, la jeune sorcière prépare du Polynectar afin que ses amis puissent pénétrer dans la salle commune de Serpentard sous les traits des deux sbires de Drago Malfoy : Crabbe et Goyle. Leur mission s'avère d'une facilité inespérée puisque les Serpentard s'emparent et dévorent des cupcakes flottants composés d'une potion somnifère. Avec leur saveur acidulée d'orange et leur topping en ganache, les gâteaux aériens de cette recette pourraient être assez légers pour voler.

> **« J'ai mis dans ces gâteaux un simple somnifère. Simple, mais puissant. »**
>
> — Hermione Granger, *Harry Potter et la Chambre des Secrets*

INGRÉDIENTS

Pour les gâteaux
3 œufs
23 cl de lait entier
1 cuil. à soupe d'extrait de vanille
1 cuil. à soupe de jus d'orange
1 orange pour son zeste
260 g de farine tout usage
280 g de sucre
4 cuil. à café de levure chimique
½ cuil. à café de sel casher
170 g de beurre doux ramolli

Pour la ganache
200 g de pépites de chocolat peu sucrées
225 g de crème fraîche
2 cuil. à soupe de vermicelles sucrés orange

Ustensiles
2 moules à muffins avec 12 cavités chacun

1. **Préparation des gâteaux :** préchauffez le four à 180 °C (th. 6). Glissez des moules en papier dans les cavités des deux moules à muffins.
2. Fouettez les œufs dans un récipient de taille moyenne. Ajoutez le lait, la vanille, le jus et le zeste d'orange. Fouettez pour obtenir un mélange homogène et réservez.
3. Dans le bol d'un mixeur équipé d'une feuille de pétrissage (ou dans un grand récipient, en vous servant d'un mixeur à main), mélangez la farine, le sucre, la levure chimique et le sel. Ajoutez le beurre et mixez à vitesse lente jusqu'à obtenir des brisures de pâte.
4. Réservez 11 cl du mélange au lait et versez le reste dans la pâte. Mélangez à vitesse moyenne (ou rapide avec un mixeur à main) pendant environ 2 min. Ajoutez le reste du mélange au lait et battez pendant 1 min avant d'arrêter, de racler les parois du bol et de battre une dernière fois, environ 30 sec. Remplissez à moitié chaque moule en papier et mettez à cuire 15 à 20 min ou quand la lame d'un couteau ressort propre et sèche du centre. Laissez reposer les cupcakes sur une grille avant de les sortir des moules à muffins : ils doivent être froids avant le glaçage.
5. **Préparation de la ganache :** versez les pépites de chocolat dans un récipient pouvant passer au micro-ondes et recouvrez-les de crème. Faites chauffer l'ensemble 1 min puis laissez reposer 5 min. Mélangez pour lisser la ganache et laissez-la refroidir 10 min.
6. Étalez 1 cuil. à soupe de ganache au-dessus de chaque cupcake et saupoudrez-les de quelques vermicelles sucrés. Vous pouvez conserver vos cupcakes jusqu'à 3 jours dans une boîte hermétique entreposée dans un endroit frais.

Pour 8 personnes
Notes diététiques : V

TARTE-ÉCHIQUIER
« Version sorcier »

Alors qu'ils tentent de trouver la Pierre Philosophale, Harry, Ron et Hermione font face à une série d'obstacles, dont un chien à trois têtes, des clés volantes et un mortel jeu d'échecs version sorcier. Ron, étant un as en la matière, guide ses amis vers une victoire qui permet à Harry de poursuivre sa quête. Dans le film, le « marbre » des cases de l'échiquier a été créé en versant de la peinture à l'huile dans un réservoir d'eau de presque deux mètres carré, puis en plaçant du papier à la surface afin d'absorber les tourbillons de couleurs. Cette tarte ne nécessite que quelques gouttes de colorant alimentaire pour créer les cases noires de l'échiquier.

> **« C'est la version sorcier ! »**
>
> — Ron Weasley,
> *Harry Potter à l'École des Sorciers*

INGRÉDIENTS

Pour le fond de tarte
330 g de farine tout usage
25 g de sucre en poudre
2 cuil. à café de cannelle en poudre
115 g de beurre doux très froid
60 g de margarine très froide
7,5 cl d'eau glacée
1 œuf pour la dorure
2 à 3 gouttes de colorant alimentaire noir

Pour la garniture
1 œuf
4 jaunes d'œufs
150 g de sucre semoule
100 g de cassonade
1 pincée de sel
75 g de crème fraîche épaisse
7 cl de lait entier
90 g de beurre demi-sel coupé en petits morceaux

Pour la décoration
115 g de noix
Sucre à la cannelle préparé avec les ingrédients ci-dessus
1 cuil. à café d'huile végétale

Ustensile
1 emporte-pièce carré de 2,5 cm x 2,5 cm

Suite à la page 108

Suite de la page 107

1. **Préparation de la pâte :** dans un grand récipient, mélangez la farine, le sel, 1 cuil. à soupe de sucre et ½ cuil. à café de cannelle. Coupez le beurre et la margarine en morceaux et ajoutez-les au mélange de farine. À l'aide d'un mélangeur à pâte ou de deux fourchettes, incorporez le beurre à la farine. Versez petit à petit l'eau pour obtenir une pâte compacte.
2. Sur un plan de travail fariné, abaissez la moitié de la pâte pour garnir un moule à tarte de 23 cm de diamètre. Avec un couteau aiguisé, coupez la pâte en laissant 1 bon cm pendre au-dessus des bords. Repliez cet excédent sur lui-même et froncez les bords en les pinçant entre vos doigts pour obtenir des pointes.
3. Abaissez le reste de la pâte et coupez-y des carrés de 2,5 cm x 2,5 cm avec un emporte-pièce de cette dimension ou un couteau : il vous faut au moins 25 carrés. Placez-les sur une plaque à pâtisserie habillée d'un tapis de cuisson en silicone ou d'une feuille de papier sulfurisé. Mettez le fond de tarte et les carrés au réfrigérateur pour 30 min.
4. À 10 min de la fin de cette période, préchauffez le four à 218 °C (th. 7-8) et préparez la dorure en mélangeant 1 œuf avec 1 cuil. à soupe d'eau et 2 à 3 gouttes de colorant noir. Dans un autre récipient, mélangez la cuil. à soupe de sucre et la cuil. et ½ de cannelle restantes.
5. Sortez les deux plaques du réfrigérateur. Avec un pinceau à pâtisserie, badigeonnez les carrés de la dorure colorée puis saupoudrez-les d'à peu près la moitié du sucre à la cannelle, en gardant le reste pour la finition. Déposez une feuille de papier d'aluminium sur le fond de tarte et versez-y des billes de cuisson ou des haricots secs. Mettez les deux plaques à cuire 10 min. Sortez le fond de tarte, enlevez la feuille de papier d'aluminium et les billes, puis badigeonnez tout le fond et une pointe sur deux de la dorure colorée. Remettez le fond de tarte au four pour 7 à 10 min. Surveillez les carrés et sortez-les du four dès qu'ils sont cuits et commencent à brunir. Sortez le fond de tarte du four et laissez-le refroidir. Quand le fond de tarte et les carrés sont sortis, réglez le four sur 135 °C (th. 4-5) et mettez une grille à mi-hauteur.
6. **Préparation de la garniture :** dans un récipient résistant à la chaleur, fouettez l'œuf, les jaunes d'œufs, le sucre semoule, la cassonade et le sel jusqu'à ce que le mélange soit homogène. Toujours en fouettant, incorporez la crème et le lait. Dans un grand poêlon, faites bouillir 2 cm d'eau à feu moyen-vif. À ébullition, baissez à feu moyen et posez le récipient dans l'eau. Disposez les morceaux de beurre sur le mélange et fouettez jusqu'à ce qu'ils aient fondu et que votre préparation soit brillante et tiède au toucher.
7. Posez le fond de tarte sur la grille à mi-hauteur du four et versez-y la garniture. Faites cuire 45 à 50 min : la garniture doit être prise sur les bords mais remuer encore un peu au centre de la tarte. Sortez-la du four et laissez-la refroidir sur une grille. Elle peut être conservée jusqu'à 3 jours au réfrigérateur. Avant de la servir, sortez-la du froid afin qu'elle gagne en saveur en se réchauffant et disposez les carrés pour obtenir le quadrillage d'un échiquier.
8. **Préparation de la finition :** posez un petit poêlon sur un feu vif, ajoutez les noix et torréfiez-les 1 min. Baissez le feu à moyen. Ajoutez la cannelle restante, le sucre et l'huile végétale. Mélangez une première fois. Continuez à cuire en remuant constamment jusqu'à ce que le sucre soit dissous. Transférez la préparation dans une assiette et laissez refroidir. Au service, déposez-en un peu sur chaque part de tarte.

Pour 8 personnes
Notes diététiques : SG*, V

Gâteaux & Tartes

TARTE À LA GLACE
au caramel

Avec sa glace au caramel, sa crème fouettée et ses caramels, cette tarte pourrait être la hantise des parents d'Hermione, des dentistes, mais son goût est magique. Inspirée de la plus célèbre des boissons de sorciers, la Bièraubeurre, cette recette combine une pâte faite de biscuits sablés à une saveur sans pareil. La Bièreaubeurre est omniprésente dans le monde de *Harry Potter* : les concepteurs artistiques Miraphora Mina et Eduardo Lima ont créé des étiquettes pour les bouteilles vendues à l'époque du magicien à lunettes, dans les années 1990, mais aussi pour l'Angleterre des années 1920 et le Bhoutan des années 1930, comme on le voit dans les films des *Animaux Fantastiques*. Cette recette reprend celle de la Crème glacée au caramel (page 127) et de la pâte des Sablés de Noël (page 118).

« On va boire une Bièreaubeurre ? »

— Harry Potter,
Harry Potter et le Prince de Sang-Mêlé

INGRÉDIENTS

150 g de Sablés de Noël (page 118) réduits en poudre

60 g de beurre demi-sel fondu

2 cuil. à soupe de sucre

Le volume de glace obtenu avec la Crème glacée au caramel (page 127) ou 1,130 kg de glace au caramel du commerce

70 g de pépites au caramel

115 g de crème fraîche épaisse

Ustensile

1 syphon à Chantilly (voir note)

1. En prenant comme référence un moule à tarte de 22 cm, mélangez les sablés en poudre, le beurre fondu et le sucre jusqu'à obtenir un résultat homogène. Manuellement ou à l'aide d'un autre moule à tarte, pressez cette pâte pour qu'elle prenne la forme du moule et mettez-la au réfrigérateur 1 h.
2. Pendant que la pâte durcit, laissez ramollir la glace au caramel dans le réfrigérateur.
3. Étalez 300 g de glace sur le fond de tarte, saupoudrez-y la moitié des pépites au caramel puis tartinez-y le reste de la glace. Couvrez d'un film alimentaire et mettez au réfrigérateur minimum 2 h et maximum 2 jours. Gardez le reste des pépites au caramel dans un récipient hermétique jusqu'au moment de servir.
4. Enfin, 30 min avant de servir, versez la crème fraîche dans un siphon à Chantilly. Sortez la tarte du réfrigérateur et décorez-en la surface de roses de crème Chantilly et, sur chacune d'elles, ajoutez des pépites de caramel. Remettez la tarte au réfrigérateur jusqu'au service.
5. Si le fond de tarte adhère au moule, posez-le 30 sec dans un peu d'eau tiède.

Note | Si vous ne disposez pas d'un siphon à Chantilly, fouettez la crème fraîche dans un grand récipient bien froid jusqu'à ce qu'elle forme des becs. Transférez-la ensuite dans une poche équipée d'une large douille à étoiles ou utilisez 2 cuil. à café pour réaliser des quenelles plutôt que des roses.

Pour 12 personnes
Notes diététiques : V

Gâteaux & Tartes

BOUGIE FLOTTANTE
de la Grande Salle

La Grande Salle de Poudlard est richement éclairée par le feu de sa cheminée, ses chandeliers étincelants et des dizaines de bougies flottant au plafond pour illuminer toutes les fêtes qui s'y déroulent. Dans un premier temps, ces bougies ont été créées en suspendant de vraies lampes à des fils, mais l'équipe du film a vite compris qu'il valait mieux les générer par ordinateur. Les infographistes purent ainsi concevoir des luminosités différentes, de varier les modèles et de les regrouper en forme de spirales, d'arches, d'escaliers ou d'étoiles. Ce gâteau au chocolat garni de ganache et recouvert d'un glaçage au beurre brun, où « brûle » une mèche en amande blanchie, illuminera votre table lors du dessert.

> **« Bienvenue à Poudlard. Bien, dans quelques instants, vous franchirez ces portes et vous vous joindrez aux autres. »**
>
> — Minerva McGonagall,
> *Harry Potter à l'École des Sorciers*

INGRÉDIENTS

Pour le gâteau
230 g de beurre doux
335 g de sucre brun clair en poudre
335 g de sucre en poudre
4 gros œufs
1 cuil. à soupe d'extrait de vanille
200 g de cacao en poudre
345 g de farine tout usage
4 cuil. à café de levure chimique
½ cuil. à café de sel
320 g de crème aigre
20 cl d'expresso chaud

Pour la garniture
250 g de noix de pécan hachées
2 cuil. à café d'huile végétale
2 cuil. à café de sucre

Pour le glaçage
6 blancs d'œufs
¼ de cuil. à café de sel
300 g de cassonade
23 cl d'eau
1 cuil. à café de jus de citron frais
680 g de beurre doux coupé en morceaux, et un petit supplément pour le broc
2 cuil. à café d'extrait de vanille
200 g de pépites de chocolat

Pour la finition
3 brochettes en bois
1 amande blanchie
2 poches à douille
1 douille pour écriture assez large
1 douille pour écriture moyenne

Ustensiles
3 moules à gâteau de 15 cm
1 broc mesureur à bec verseur d'1 l en Pyrex

Suite à la page 112

Suite de la page 111

1. **Préparation des gâteaux :** préchauffez le four à 180 °C (th. 6). Habillez le fond de trois moules à gâteau de cercles de papier sulfurisé.
2. Dans le bol d'un mixeur équipé d'une feuille de pétrissage, combinez à vitesse moyenne-rapide le beurre, le sucre brun clair et le sucre en poudre jusqu'à obtenir un mélange léger, soit environ 3 min. Ajoutez les œufs et l'extrait de vanille et battez à nouveau jusqu'à incorporation. Versez la poudre de cacao et battez pour obtenir un résultat lisse.
3. Dans un petit récipient, mélangez la farine, la levure et le sel.
4. Versez la moitié du mélange à la farine dans la préparation au beurre et battez jusqu'à incorporation. Raclez les parois du bol et ajoutez toute la crème aigre. Battez à nouveau pour que votre mélange soit bien lisse. Ajoutez le reste de la farine, battez puis passez les parois du bol à la maryse.
5. Faites tourner le mixeur à vitesse lente et versez lentement le café chaud. Continuez à mixer 2 à 3 min afin que le café soit bien incorporé et que la pâte soit lisse.
6. Divisez la pâte entre les trois moules à gâteau, mettez à cuire 25 à 30 min ou jusqu'à ce que la lame d'un couteau ressorte propre et sèche du centre. Sortez alors les gâteaux et laissez-les refroidir 15 min avant de les renverser sur une grille et d'enlever le papier sulfurisé. Laissez totalement refroidir.
7. Découpez le sommet inégal de deux des trois gâteaux, puis tranchez-les tous horizontalement pour obtenir six couches de gâteau de taille égale. Débarrassez-vous des chutes ou gardez-les pour un autre usage. Rassemblez les six disques sur un plat à gâteau en séparant chacun d'entre eux de papier sulfurisé, recouvrez l'ensemble d'un film alimentaire et mettez le plat au réfrigérateur le temps de préparer la garniture et le glaçage.
8. **Préparation de la garniture :** faites chauffer un poêlon à feu moyen-vif pendant 1 min, puis versez-y les noix de pécan hachées. Torréfiez-les en les remuant sans arrêt pendant 1 min. Baissez le feu et ajoutez l'huile ainsi que le sucre. Continuez de mélanger jusqu'à ce que le sucre soit dissous. Transférez les noix dans une assiette et laissez-les refroidir complètement.
9. **Préparation du glaçage :** versez les blancs d'œufs et le sel dans le bol d'un mixeur équipé d'un fouet. Dans une casserole à fond épais, mélangez la cassonade et 23 cl d'eau. Portez à ébullition à feu moyen-vif. Mettez en route le mixeur à vitesse moyenne environ 1 min jusqu'à ce que les œufs deviennent mousseux. Ajoutez le jus de citron et fouettez pour former des becs, soit 2 à 3 min, puis arrêtez le mixeur.
10. Beurrez un broc mesureur et réservez. Plongez un thermomètre de confiseur dans la casserole et, quand le sucre atteint 114 °C, versez-le dans le broc mesureur.
11. Faites couler un filet de sirop de sucre sur les blancs d'œufs tout en continuant de battre à vitesse moyenne. Quand tout est versé, passez à la vitesse rapide et battez jusqu'à ce que la meringue ait totalement refroidi (vous devez pouvoir toucher l'extérieur du bol sans vous brûler), soit 3 à 5 min.
12. Ajoutez le beurre, un ou deux morceaux à la fois, en battant bien à vitesse moyenne entre chaque ajout. Une fois que tout le beurre est incorporé, versez la vanille puis passez à la vitesse rapide quelques instants pour que tout soit bien lisse.

13. Versez les pépites de chocolat dans un récipient pouvant aller au micro-ondes. Faites chauffer 1 min et laissez reposer 5 min. Lissez le chocolat en le remuant, laissez refroidir 1 à 2 min puis incorporez 350 g de crème au beurre.
14. **Assemblage du gâteau :** déposez un peu de crème au beurre chocolatée sur un plat à gâteau et posez dessus la première des six couches de gâteau qui étaient au réfrigérateur. Déposez-y la valeur de ¾ d'une tasse de crème au beurre. À l'aide d'une spatule coudée, étalez-la en une couche égale avant d'y saupoudrer 35 g de noix de pécan. Répétez le processus pour les quatre couches de gâteau suivantes et, surtout, finissez avec celle dont vous n'avez pas coupé le dessus. Plantez-y trois brochettes à distance égale, de sorte qu'elles traversent le gâteau de haut en bas. Si elles dépassent une fois plantées, coupez-les. Elles maintiendront votre gâteau. Mettez-le 30 min au réfrigérateur.
15. Ressortez le gâteau du réfrigérateur et, à l'aide d'une spatule coudée, étalez de la crème au beurre à son sommet et sur les côtés, puis lissez bien. En poussant la crème au beurre du sommet du gâteau vers l'extérieur, créez un creux visible au centre. Prenez une poche équipée d'une douille pour écriture assez large et remplissez-la de la valeur d'une tasse de crème au beurre. En partant du sommet vers le bas, créez les « anciennes coulures » de cire de la bougie puis lissez-les à la spatule. Remettez le gâteau au frais 30 min.
16. Chauffez sans excès, 5 à 10 sec, la valeur de ¾ d'une tasse de crème au beurre au micro-ondes. Transférez ce glaçage dans une poche équipée d'une douille pour écriture moyenne. Sortez le gâteau du réfrigérateur et ajoutez des « coulures » de cire plus récentes, toujours en partant du sommet. Le gâteau froid stoppera les coulures, créant ainsi l'effet désiré.
17. Remettez le gâteau au froid et sortez-le 1 h avant de le servir afin qu'il gagne en saveur. Déposez l'amande blanchie à la verticale au centre du gâteau, dans le creux. Si vous l'allumez, elle brûlera quelques instants. La meilleure façon de servir cette Bougie flottante est de couper les trois couches supérieures, de servir les convives, puis de couper les couches restantes.

I'm sorry Neville
I'm sorry Neville
I'm sorry Neville

Pour environ 30 pièces
Notes diététiques : V

POP BISCUITS
« Navré Neville »

Dans *Harry Potter et le Prisonnier d'Azkaban*, Harry se sert de la Carte du Maraudeur et de sa Cape d'Invisibilité pour rejoindre la confiserie Honeydukes, à Pré-au-Lard. Il vole alors une grande sucette rouge à Neville Londubat alors qu'il arpente la boutique. Cette version est un cookie au chocolat avec, en son centre, un bonbon à la menthe poivrée qui offre l'apparence d'un vitrail. Comme il était injuste de dérober la friandise de Neville, « Navré Neville » est inscrit sur les bords dans l'espoir d'être pardonné.

> **« Pourquoi c'est toujours moi ? »**
>
> — Neville Londubat,
> *Harry Potter et la Chambre des Secrets*

Suite à la page 116

Suite de la page 115

INGRÉDIENTS

90 g de beurre demi-sel ramolli

60 g de fromage frais

115 g de sucre en poudre

25 g de cacao noir en poudre

1 œuf

½ cuil. à café d'extrait de menthe poivrée

170 g de farine tout usage

30 bonbons à la menthe poivrée

30 bâtonnets à sucette (facultatif)

¾ de tasse du glaçage blanc des Biscuits du Golden Trio (page 121 et facultatif)

Ustensiles

2 emporte-pièces ronds de 7,6 cm et de 2,5 cm à bords cannelés

1. Habillez deux plaques à pâtisserie d'un tapis de cuisson en silicone ou de papier sulfurisé.
2. Dans le bol d'un mixeur équipé d'une feuille de pétrissage, battez pendant environ 3 min le beurre, le fromage frais et le sucre, jusqu'à ce que le mélange soit léger et gonflé. Raclez les parois du bol à la maryse, ajoutez le cacao et mélangez à nouveau pour qu'il soit bien incorporé. Ajoutez l'œuf et l'extrait de menthe poivrée puis mixez encore une fois.
3. Versez la farine en trois fois, à vitesse lente, jusqu'à ce qu'elle soit bien incorporée. Donnez à la pâte la forme d'un cercle, enveloppez-la de papier sulfurisé et mettez-la au frais 1 h.
4. Sur un plan de travail légèrement fariné, abaissez la pâte pour qu'elle fasse 3 mm d'épaisseur. Avec l'emporte-pièce de 7,6 cm, découpez-y autant de cercles que possible. Déposez-les sur la plaque à pâtisserie en veillant à laisser assez de place pour les bâtonnets à sucette qui se retrouveront en position couchée. Rassemblez les chutes de pâte et abaissez-les à 3 mm d'épaisseur, puis coupez d'autres cercles de 7,6 cm. Avec l'emporte-pièce de 2,5 cm, découpez le centre de tous les cercles plus grands. Vous pouvez ensuite rassembler les petits cercles et les chutes ensemble, et les abaisser pour faire plus de cercles de 7,6 cm ou les cuire pour avoir de petits biscuits bonus.
5. Disposez un bonbon à la menthe sans son emballage au centre de chaque cercle troué. De la pointe d'un couteau, soulevez délicatement le bas de chaque cercle et posez-y un bâtonnet à sucette. Son sommet doit se trouver juste au bord du trou puis appuyez avec soin la pâte contre le bâtonnet.
6. Mettez les biscuits au réfrigérateur 10 min. Pendant ce temps, préchauffez le four à 175 °C (th. 5-6). Faites cuire 9 à 11 min jusqu'à ce que les biscuits soient durs et que le bonbon ait fondu pour en remplir le centre.
7. Laissez refroidir complètement sur la plaque à pâtisserie. Une fois froids, les biscuits peuvent être conservés jusqu'à 5 jours dans une boîte hermétique en séparant chaque couche d'une feuille de papier sulfurisé ou dans des sacs cellophane pour être offerts.
8. Si vous décidez de les décorer, mettez le glaçage dans une poche équipée d'une douille pour écriture et marquez « Navré Neville » en suivant le bord de chaque biscuit. Laissez sécher le glaçage au moins 1 h avant de les ranger. Vous pouvez dessiner des flocons de neige sur les mini-biscuits de 2,5 cm.

Pour environ 24 sandwichs de biscuits et 24 mini-biscuits
Notes diététiques : V

Biscuits

BISCUITS FOURRÉS
à la confiture de la Salle Commune

Lors du premier Noël que Harry passe à Poudlard se trouve, dans la salle commune, un petit sapin en pot disposé près de la cheminée enflammée. Il est, comme il se doit, décoré aux couleurs de la maison Gryffondor : de petites pochettes-surprises dorées, des lanternes rouges et des cadeaux enveloppés de la même teinte pendent à ses branches. La salle commune de Serpentard, quant à elle, est dénuée de décors de Noël… mais, si c'était le cas, les couleurs argent et vert domineraient. Nos petits gâteaux « vierges » utilisent la pâte des Biscuits du Golden Trio (page 121) et peuvent être décorés aux couleurs de n'importe quelle maison, comme le jaune et le noir de Poufsouffle ou le bleu et l'argent de Serdaigle. Mais, bien entendu, le rouge et le vert seront parfaits pour fêter Noël.

> **« Le dortoir des garçons est en haut, au fond à gauche. Celui des filles, au fond à droite. »**
>
> — Percy Weasley,
> *Harry Potter à l'École des Sorciers*

Note | Comment voir si la confiture est prête ? Avant de lancer la cuisson, mettez une petite assiette au congélateur. Au bout de 15 min de cuisson, sortez l'assiette du froid et déposez-y 1 cuil. à café de confiture. Si vous penchez l'assiette et que la confiture se déplace rapidement, elle n'est pas encore assez cuite. Remettez l'assiette au froid et recommencez 5 min plus tard. Si la confiture se déplace lentement, c'est prêt.

INGRÉDIENTS

Pour les biscuits
Pâte des Biscuits du Golden Trio réfrigérée (page 121)
60 g de sucre cristallisé de plusieurs couleurs
1 pot de confiture maison (voir ci-dessous) ou de confiture du commerce

Pour la confiture
600 g de framboises écrasées
600 g de sucre semoule
1 jus de citron

Ustensiles
5 pots pour 250 g de confiture, chacun stérilisé et avec système de fermeture hermétique
1 emporte-pièce rond à bord cannelé de 7,5 cm et d'autres de diverses formes d'environ 4 cm

1. **Préparation des biscuits :** préchauffez le four à 190 °C (th. 6-7). Habillez deux plaques à pâtisserie d'un tapis de cuisson en silicone ou de papier sulfurisé.
2. Sur un plan de travail légèrement fariné, abaissez un disque de pâte à la fois afin qu'il fasse 3 mm d'épaisseur. Avec l'emporte-pièce rond, coupez autant de cercles que possible et regroupez-les par paire sur une plaque à pâtisserie. Avec les emporte-pièces de diverses formes, coupez un cercle de pâte sur deux. Enlevez la forme découpée à l'aide d'un couteau et reposez les cercles sur la plaque. Saupoudrez un peu de sucre cristallisé sur le cercle ouvert et sur la forme qui en est sortie puis faites-le délicatement pénétrer dans la pâte.
3. Répétez l'opération jusqu'à avoir préparé autant de duos que possible. Mettez le tout au réfrigérateur pendant 10 min, avant d'enfourner la plaque pour 9 à 11 min de cuisson. Recommencez avec le second disque de pâte et la deuxième plaque.
4. **Préparation de la confiture :** si vous le désirez, passez les framboises au mixeur ou à l'étamine pour en enlever les graines. Versez les fruits dans une grande casserole et mélangez-les avec le sucre et le jus de citron. À feu vif, portez à ébullition. Réduisez à feu moyen et, en continuant à remuer, laissez mijoter à petit bouillon 15 à 20 min ou jusqu'à la réussite du test rapide (voir note).
5. Retirez la confiture du feu, divisez-la dans les pots que vous fermez avec soin. Laissez refroidir 30 min puis mettez-les au réfrigérateur. La confiture peut être conservée 1 mois au réfrigérateur ou 6 mois au congélateur. La confiture est un cadeau apprécié, veillez juste à indiquer sur l'étiquette : « À conserver jusqu'à 1 mois au froid. »
6. Au service, étalez une fine couche de confiture sur un biscuit entier et posez dessus sa moitié ajourée. Servez ou conservez-les jusqu'à 5 jours dans une boîte hermétique.

Pour environ 24 pièces
de 5 cm x 2,5 cm
Notes diététiques : V

Biscuits

SABLÉS
de Noël

Le *shortbread* est le biscuit traditionnel écossais et reste visible partout dans le pays au moment des fêtes. Surnommées « shortie » et connues pour avoir eu les faveurs de Marie, Reine d'Écosse, ces douceurs croustillantes vous feront craquer. S'il n'est jamais précisé — dans les films — que Poudlard se trouve en Écosse, le directeur artistique Stuart Craig concentra ses recherches de décors là-bas, au milieu des lochs et des monts escarpés.

« J'espère qu'il y aura du pudding. »

— Luna Lovegood,
Harry Potter et l'Ordre du Phénix

INGRÉDIENTS

150 g de beurre doux
½ cuil. à café de sel de mer
35 g de sucre glace
20 g de sucre cristallisé
180 g de farine tout usage

Ustensile
1 plaque de cuisson de 20 cm x 20 cm à bords hauts

1. Préparez un récipient avec de la glace et dans lequel pourra entrer votre broc mesureur résistant à la chaleur. Habillez la plaque de cuisson de deux feuilles (une dans chaque sens) de papier sulfurisé qui dépassent des bords.
2. Mettez le beurre à fondre dans une petite casserole à feu doux. Continuez à le cuire en remuant jusqu'à ce qu'il clarifie, prenne une belle couleur ambrée et sente la noisette. Transférez-le dans le broc mesureur et placez celui-ci dans la glace préparée. Laissez le beurre refroidir 20 min, en mélangeant de temps en temps, jusqu'à ce qu'il reprenne la consistance d'un beurre battu.
3. Préchauffez le four à 150 °C (th. 5).
4. Transférez le beurre brun dans un récipient de taille moyenne et ajoutez le sel, le sucre glace et 1 cuil. à soupe de sucre cristallisé. À l'aide d'un mixeur à main, battez à vitesse moyenne pendant 1 à 2 min jusqu'à ce que l'ensemble soit gonflé et aérien.
5. Tamisez la farine sur le mélange au beurre en trois session, en l'incorporant entre chaque ajout. Quand toute la farine est versée, étalez la pâte en une couche régulière sur la plaque de cuisson puis piquez-en la surface à l'aide d'une fourchette.
6. Mettez à cuire 40 à 45 min ou jusqu'à ce que la surface prenne une belle couleur dorée avec des bords légèrement bruns. Laissez refroidir afin de manipuler la pâte facilement puis, avec un couteau très aiguisé, tracez des rectangles réguliers à la surface. Saupoudrez le tout du reste de sucre cristallisé et laissez refroidir complètement.
7. Servez-vous des feuilles de papier sulfurisé pour démouler et, en vous laissant guider par les lignes tracées, découpez vos biscuits. Conservez-les jusqu'à 1 semaine dans une boîte hermétique.

BISCUITS
du Golden Trio

Le « Golden Trio » (« Trio d'or » en français ou tout simplement appelé « Le Trio ») formé par le garçon aux lunettes rondes, Harry Potter, l'échevelée Hermione Granger et le roux Ron Weasley sont des visages familiers aux fans de la saga et, comme leurs personnages, les trois acteurs se sont très bien entendus. Daniel Radcliffe (Harry Potter) attribue cela au fait qu'ils étaient vraiment comme Harry, Hermione et Ron : il considérait Rupert Grint (Ron Weasley) comme drôle, Emma Watson (Hermione Granger) comme très intelligente, et se voyait lui-même « comme le juste milieu entre les deux », car c'est ainsi qu'il envisageait Harry. Ces Biscuits du Golden Trio sont donc un hommage sucré à ces infatigables héros, amis pour la vie.

« Nom d'une chouette ! Tu es Harry Potter ! Je suis Hermione Granger. Et toi, tu es… ?

— Moi ? Ron Weasley.

— Enchantée. »

— Hermione Ranger et Ron Weasley,
Harry Potter à l'École des Sorciers

Suite à la page 122

Suite de la page 121

INGRÉDIENTS

Pour la pâte
170 g de beurre demi-sel ramolli

115 g de fromage frais

110 g de cassonade

1 œuf

1 cuil. à café d'extrait de vanille

345 g de farine tout usage

Pour le glaçage
900 g de sucre glace tamisé

3 cuil. à soupe de poudre à meringue

1 à 2 gouttes de colorants alimentaires noir, vert, bleu, marron et orange

Ustensiles
1 emporte-pièce de 5 à 7,5 cm

1 poche à douille avec des douilles pour écriture

1. **Préparation de la pâte :** dans un grand récipient, mélangez le beurre, le fromage frais et le sucre jusqu'à ce que le résultat soit léger et gonflé. Ajoutez l'œuf et la vanille puis battez à nouveau le tout pour les incorporer. Versez la farine en trois fois et en battant à vitesse lente, puis en mélangeant à la main pour le dernier ajout.
2. Divisez la pâte en deux, abaissez les deux parties en forme de disque, enveloppez-les de papier sulfurisé et mettez-les au réfrigérateur pendant au moins 1 h. Vers la fin du temps, préchauffez le four à 190 °C (th. 6-7).
3. Sortez les disques du réfrigérateur puis travaillez-les un à la fois. Déposez-en un sur un plan de travail légèrement fariné. Abaissez la pâte jusqu'à 3 mm épaisseur et, avec l'emporte-pièce, coupez autant de cercles que possible. Déposez les cercles de pâte sur une plaque à pâtisserie, rassemblez les chutes puis mettez-les au frais avec la plaque pendant que vous travaillez l'autre moitié de pâte.
4. Répétez le processus avec le second disque de pâte et assurez-vous de laisser vos biscuits au frais au moins 10 min avant de les enfourner. Faites cuire 9 à 11 min ou jusqu'à ce que le bord des biscuits commence à brunir. Laissez-les refroidir sur une grille.
5. **Préparation du glaçage :** dans le bol d'un mixeur équipé d'un fouet, mélangez le sucre glace, la poudre à meringue et 6 cuil. à soupe d'eau. Fouettez à vitesse lente pendant 7 à 10 min ou jusqu'à ce que le mélange fasse des becs bien denses. Si vous utilisez un mixeur à main, fouettez rapidement 10 à 12 min.
6. Répartissez le glaçage dans cinq petits récipients et versez dans chacun 1 à 2 gouttes de colorant pour créer les couleurs dont vous allez vous servir. Mélangez bien pour que la couleur soit unie puis transférez chaque glaçage dans une poche à pâtisserie équipée d'une douille pour écriture.
7. Dessinez le visage de chaque héros sur un biscuit en commençant par sa coupe de cheveux. Amusez-vous ! Qui pouvez-vous ajouter dans une simple fournée ? Hedwige ? Trevor, le crapaud ? Un Rapeltout ?
8. Laissez les biscuits sécher au moins 3 h avant de les servir, les embellir ou les ranger. Vous pouvez les conserver dans une boîte en disposant une feuille de papier sulfurisé entre chaque couche ou envelopper les biscuits dans du cellophane pour les offrir.

Pour 6 personnes
Notes diététiques : SG, V

Puddings & Entremets

POT DE CRÈME
du Professeur Trelawney

Le pot de crème est un dessert devenu populaire au cours du XVIIe siècle. À l'époque, il était cuit dans un ramequin en porcelaine. Cette version autour d'une infusion de thé est inspirée par toutes les tasses que le Professeur Trelawney conserve dans sa classe pour les cours de tasseomancie, la prédiction de l'avenir par la lecture des feuilles de thé. Un avenir que Sibylle semble toujours considérer comme négatif. Plus de 500 tasses décoraient sa salle, dont beaucoup étaient disposées sur une table pour constituer une pyramide de porcelaine.

« Regardez dedans !
Que voyez-vous ? »

— Sibylle Trelawney,
Harry Potter et le Prisonnier d'Azkaban

Note | Choisissez des tasses sans décors à la feuille de métal, car elles sont fragiles et pourraient s'abîmer dans le bain-marie.

INGRÉDIENTS

115 g de sucre en poudre

6 jaunes d'œufs

35 cl de lait entier

13 cl de mélange 50/50 de lait entier et de crème légère (« Half & half »)

1 cuil. à café d'extrait de vanille

2 cuil. à café de cognac (facultatif)

3 sachets de thé « English breakfast » ou 1 cuil. à soupe de feuilles de thé en vrac

Ustensiles

6 ramequins de 12 cl ou 6 tasses à thé

1 plat à gratin assez grand pour les ramequins, avec au fond un torchon propre

1 broc mesureur à bec verseur en Pyrex

1. Préchauffez le four à 160 °C (th. 5-6).
2. Dans un récipient de taille moyenne, fouettez ensemble le sucre et les jaunes d'œufs jusqu'à ce que ces derniers blanchissent. Réservez.
3. Dans une petite casserole posée sur un feu moyen, mélangez le lait, le « Half & Half » et la vanille et ajoutez, si vous le souhaitez, le cognac. Ouvrez les sachets de thé et versez-en le contenu dans votre préparation. Chauffez le lait en remuant continuellement jusqu'à ce qu'il frémisse.
4. Retirez la casserole du feu et versez petit à petit le lait sur la préparation aux œufs en fouettant constamment : il est essentiel que le lait chaud ne cuise pas les œufs. Une fois tout le liquide incorporé, passez le mélange à l'étamine dans un broc mesureur résistant à la chaleur. Si une « peau » se forme à la surface, enlevez-la avec une cuillère.
5. Versez cette préparation équitablement entre les six ramequins et couvrez chacun d'entre eux d'un morceau d'aluminium. Posez-les dans le plat à gratin, sur le torchon, et versez de l'eau dans le plat jusqu'à mi-hauteur des ramequins. Mettez à cuire 40 à 45 min ou jusque ce que la crème soit prise sur les côtés et bouge encore au centre.
6. À l'aide d'un torchon sec, sortez précautionneusement les ramequins de l'eau pour les poser sur une grille. Laissez-les refroidir 30 min. Mettez-les ensuite au réfrigérateur au moins 2 h avant de les servir. Ils peuvent être préparés jusqu'à 3 jours à l'avance et être conservés couverts dans le réfrigérateur.

Pour 6 portions
Notes diététiques : V

BOULES DE NEIGE
furtives de Pré-au-Lard

Dans *Harry Potter et le Prisonnier d'Azkaban*, Harry se sert de sa Cape d'Invisibilité pour se rendre à Pré-au-Lard en toute discrétion. Lorsque Hermione et Ron sont malmenés par Draco et ses sbires, Harry, à l'abri sous sa cape, les bombarde de boules de neige semblant surgir de nulle part, ce qui effraie tellement le trio de Serpentard qu'ils s'enfuient. Une partie de la Cape d'Invisibilité utilisée par Daniel Radcliffe était faite d'une matière à écran vert : il n'avait alors plus qu'à s'en recouvrir pour disparaître ou réapparaître. Ces boules de neige au chocolat blanc cachent un Blondie, un brownie au chocolat blanc, qui apparaît en versant de la sauce au chocolat chaude sur la coquille.

> **« Qui est là ? »**
>
> — Drago Malefoy,
> *Harry Potter et le Prisonnier d'Azkaban*

Suite à la page 126

Suite de la page 125

INGRÉDIENTS

Pour les brownies
60 g de chocolat blanc
90 g de beurre demi-sel
45 g de cassonade
½ cuil. à café d'extrait de vanille
2 œufs
60 g de farine tout usage
235 g de pépites de chocolat noir

Pour les boules de neige
180 g de chocolat blanc
Poudre alimentaire scintillante (« Luster dust », disponible sur le net et facultatif)

Pour la ganache
300 g de crème fraîche épaisse
¼ de cuil. à café de cannelle
1 pincée de poivre de Cayenne

Ustensiles
6 moules sphériques en silicone de 7,5 cm

1. **Préparation des brownies :** préchauffez le four à 180 °C (th. 6) et préparez six moules sphériques en silicone en les plaçant sur une plaque à pâtisserie à bords relevés.
2. Déposez le chocolat blanc et le beurre dans un récipient pouvant passer au micro-ondes. Faites chauffer 1 min puis mélangez jusqu'à ce que tout soit fondu. Incorporez la cassonade. Ajoutez la vanille et les œufs puis mélangez le tout pour obtenir un résultat lisse. Versez la farine et mixez à nouveau. Versez 80 g de pépites de chocolat.
3. Divisez cette pâte entre les moules sphériques. Mettez au four pour 15 à 20 min de cuisson ou jusqu'à ce que la pâte soit dorée et que la lame d'un couteau ressorte des brownies avec quelques miettes. Laissez refroidir 10 min, puis démoulez et laissez totalement reposer.
4. **Préparation des boules de neige :** faites fondre le chocolat blanc au bain-marie ou dans un récipient allant au micro-ondes. En utilisant un pinceau à pâtisserie, étalez de la poudre alimentaire scintillante dans les six moules des brownies (bien lavés et secs), puis enduisez une fine couche de chocolat. Assurez-vous qu'il n'y ait pas de trou dans la couche de chocolat et qu'elle monte bien jusqu'aux bords. Mettez les moules au réfrigérateur pendant 10 min.
5. **Préparation de la ganache :** dans un récipient allant au micro-ondes, mélangez la crème fraîche et les pépites de chocolat restantes. Faites chauffer pendant 1 min au micro-ondes et laissez reposer 5 min. Ensuite, remuez jusqu'à ce que le mélange soit lisse, ajoutez la cannelle et le poivre de Cayenne, mélangez et réservez.
6. **Assemblage :** démoulez les coques en chocolat avec beaucoup de précaution. Habillez une plaque à pâtisserie d'une feuille de papier sulfurisé. Passez une petite assiette 30 sec au micro-ondes pour la chauffer. Égalisez le bord de chaque demi-sphère en chocolat en les passant rapidement sur l'assiette puis déposez-les sur la plaque pour qu'elles refroidissent.
7. Au moment de servir, déposez chaque brownie sur une assiette à dessert et couvrez-le d'une coque en chocolat. Réchauffez la ganache jusqu'à ce qu'elle soit bien chaude, soit 1 min à 1 min 30 au micro-ondes. Donnez à chaque convive une mini-cruche ou un verre contenant de la ganache que chacun pourra verser sur sa « boule de neige » et la regarder fondre.

Pour 1,8 l de glace
Notes diététiques : SG, V

Puddings & Entremets

CRÈME GLACÉE
au caramel

Véritable hommage à la Bièreaubeurre, cette crème glacée au caramel ne nécessitant pas de sorbetière saura satisfaire votre gourmandise. La glace est très appréciée par les sorciers : quatre-vingts tours de glace qui ne fondent pas ont été créées pour le Festin de bienvenue du Tournoi des Trois Sorciers. Faites d'un alliage de résine et de petites perles de verre qui leur conféraient leur iridescence magique et un aspect réaliste, ces glaces n'étaient pas mangeables. À l'inverse de ce qui existe dans le monde des sorciers, la nôtre peut fondre. Mais, une fois que l'on y a goûté, il est peu probable qu'elle reste assez longtemps dans les assiettes pour cela...

« Trois Bièreaubeurres avec du gingembre pour moi, s'il vous plaît. »

— Hermione Granger,
Harry Potter et le Prince de Sang-Mêlé

INGRÉDIENTS

- 420 g de lait concentré sucré
- 75 g de cassonade
- 1 cuil. à soupe de whisky écossais
- 2 cuil. à soupe d'extrait de vanille
- 600 g de crème épaisse

1. Dans une casserole de taille moyenne posée sur un feu moyen, mélangez le lait concentré sucré, la cassonade, le whisky et l'extrait de vanille. Portez à ébullition en remuant, et laissez cuire 5 à 8 min en continuant à touiller jusqu'à ce que le mélange brunisse et devienne bien épais.
2. Retirez la casserole du feu et transférez la préparation dans le bol d'un mixeur équipé d'un fouet. Fouettez à vitesse moyenne jusqu'à ce que les parois du récipient aient complètement refroidi, soit environ 15 min. Veillez à ne pas laisser surchauffer votre mixeur.
3. Arrêtez le mixeur et ajoutez la crème en trois sessions, en mixant à vitesse lente jusqu'à ce qu'elle soit bien incorporée. Une fois terminé, passez à la vitesse rapide et arrêtez souvent le mixeur afin de racler les parois du bol. Fouettez jusqu'à ce que des becs se forment. Versez la préparation dans un récipient hermétique et mettez au congélateur pour 6 h minimum voire toute une nuit.

Pour 6 parts
Notes diététiques : V

Puddings & Entremets

PUDDING AUX FIGUES
du Professeur Flitwick

Le pudding aux figues est un gâteau cuit à la vapeur, n'ayant rien à voir avec le dessert crémeux qui porte le même nom outre-Atlantique. Toutefois, pour les Britanniques, le mot « pudding » s'applique à beaucoup de desserts, même si tous les desserts ne sont pas des puddings. Cette recette-ci est un incontournable des tables anglaises au moment des fêtes, à tel point qu'elle est immortalisée dans le chant de Noël *We wish you a Merry Christmas*. En tant que professeur de sortilèges, Flitwick est le maître du sort *Wingardium Leviosa*, dont il se sert pour suspendre les décorations des sapins de Noël de la Grande Salle dans *Harry Potter à l'École des Sorciers*. Enrober les fruits d'un peu de farine les empêchera de couler au fond des ramequins : ils resteront « suspendus » et présents dans tout votre dessert, en vous assurant ainsi la réussite.

INGRÉDIENTS

- 410 g de figues sèches
- 180 g de farine tout usage
- 1 cuil. à café de levure chimique
- 2 cuil. à café de cannelle
- 2 cuil. à café de gingembre en poudre
- ½ cuil. à café de cinq-épices
- ½ cuil. à café de sel
- 60 g de raisins de Corinthe
- 120 g de beurre doux, et un petit supplément pour beurrer les ramequins
- 150 g de cassonade
- 3 œufs
- 2 cuil. à café d'extrait de vanille
- Crème fouettée ou de la glace (facultatif)

Ustensiles

- 6 ramequins de 18 cl
- 1 grand plat à gratin

> **« Oh, bravo ! Regardez tous ! Miss Granger a réussi ! Oh, oh, oh, splendide ! »**
>
> — Filius Flitwick, *Harry Potter à l'École des Sorciers*

1. Faites bouillir 25 cl d'eau. Mettez les figues dans un récipient résistant à la chaleur (une casserole d'une taille supérieure à celle déjà utilisée conviendra). Versez l'eau bouillante sur les figues et laissez reposer 15 min.
2. Dans un autre récipient, mélangez la farine, la levure, la cannelle, le gingembre, le cinq-épices et le sel. Réservez.
3. Égouttez les figues au-dessus d'un récipient afin de récupérer aussi bien les fruits que le liquide de trempe. Coupez six figues en deux et hachez grossièrement le reste. Mettez 30 g du mélange de farine dans un récipient et versez-y les figues hachées et les raisins de Corinthe. Mélangez pour bien les enrober. Réservez.
4. Préchauffez le four à 190 °C (th. 6-7) et beurrez les ramequins. Disposez-les dans un plat à gratin.
5. Dans le bol d'un mixeur équipé d'une feuille de pétrissage, battez le beurre et la cassonnade pendant environ 2 min pour obtenir un résultat léger et gonflé. Ajoutez les œufs un par un, en battant après chaque ajout. Versez la vanille et mélangez à nouveau.
6. Ajoutez la moitié du mélange de farine restant et battez à vitesse lente, puis arrêtez le mixeur et raclez les parois du bol. Incorporez le liquide de trempe des figues puis ajoutez le reste du mélange de farine. Mixez jusqu'à ce que tout soit incorporé. Sortez le bol du mixeur, raclez les parois et versez les fruits.
7. Au fond de chaque ramequin, disposez deux moitiés de figues, face ouverte vers le bas. Elles se retrouveront au sommet de votre pudding si vous le démoulez. Versez la pâte entre les six ramequins en remplissant chacun à moitié.
8. Versez de l'eau dans le plat à gratin jusqu'à mi-hauteur des ramequins, puis couvrez tout le plat d'une feuille de papier d'aluminium. Enfournez et laissez cuire 35 à 40 min, jusqu'à ce que les puddings aient pris. Sortez le plat du four et déposez les ramequins sur une grille. Servez les puddings tièdes dans les ramequins ou, pour les démouler, passez d'abord la lame d'un couteau sur les bords jusqu'au fond du ramequin, couvrez-le d'une assiette et retournez le tout. Servez accompagné de crème fouettée ou de glace, si vous le désirez.

Pour 12 parts
Notes diététiques : V

TRIFLE
des Trois Sorciers

Selon la légende, le trifle — dessert constitué de couches de fruits, de gâteau, de crème pâtissière et de crème fouettée —, a été créé dans l'Angleterre du XVIIIe siècle. Il n'a donc pas été toujours présent lors du Tournoi des Trois Sorciers, qui se tient depuis sept siècles. Les éléments de cette version-ci sont inspirés par les trois écoles en compétition : Poudlard (le *sponge cake*), Beauxbâtons (la crème pâtissière) et Durmstrang (le sirop d'airelle). Vainqueurs, les champions de Poudlard, Cedric Diggory et Harry Potter, soulèvent ensemble le Trophée des Trois Sorciers. La saveur de ce délicieux dessert pourrait, elle aussi, vous communiquer l'allégresse d'un champion.

> **« Une gloire éternelle, c'est ce qui attend l'élève qui remporte le Tournoi des Trois Sorciers. »**
>
> — Albus Dumbledore,
> *Harry Potter et la Coupe de Feu*

Suite à la page 132

Suite de la page 131

INGRÉDIENTS

Pour la crème pâtissière
100 g de sucre

3 cuil. à soupe de farine tout usage

3 cuil. à soupe de fécule de maïs

6 jaunes d'œufs

45 cl de lait entier

¾ de cuil. à café d'extrait d'amande

1 cuil. et ½ à café d'extrait de vanille

Pour le gâteau
3 œufs

23 cl de lait entier

1 cuil. à soupe d'extrait de vanille

270 g de farine tout usage

280 g de sucre en poudre

4 cuil. à café de levure

½ cuil. à café de sel casher

180 g de beurre doux ramolli, et un petit supplément pour beurrer les moules

Pour le sirop d'airelle
23 cl de coulis d'airelles

23 cl d'eau

6 cl de liqueur d'orange ou de jus d'orange

Pour la finition
370 g de framboises fraîches, lavées et égouttées, et quelques-unes en supplément pour la décoration

2 cuil. à soupe de sucre glace

340 g de crème fraîche

Ustensiles
2 moules à gâteau de 15 cm

1. **Préparation de la crème pâtissière :** rassemblez le sucre, la farine, la fécule de maïs et les jaunes d'œufs dans un récipient. Avec un mixeur à main équipé d'un fouet, battez à vitesse rapide jusqu'à ce que l'ensemble ait blanchi et soit lié.
2. Dans une casserole de taille moyenne, faites frémir le lait à feu moyen-vif.
3. Versez environ ⅓ du lait dans le mélange aux œufs en fouettant. Reversez cette préparation dans la casserole et reposez-la sur un feu moyen-doux. Fouettez constamment en vous assurant de bien passer sur tout le fond de la casserole. Dès que la crème commence à épaissir, ajoutez les extraits d'amande et de vanille puis continuez à cuire encore 1 min.
4. Retirez la casserole du feu et transférez la crème dans un récipient propre ou une boîte hermétique. Mettez une feuille de papier sulfurisé directement en contact avec la crème pour éviter que se forme une pellicule à la surface. Laissez refroidir 10 à 15 min. En laissant le papier en place, couvrez le récipient d'un couvercle ou de film plastique et mettez-le au réfrigérateur au moins 2 h et jusqu'à 2 jours.
5. **Préparation du gâteau :** beurrez et farinez les deux moules de 15 cm. Préchauffez le four à 180 °C (th. 6).
6. Dans un récipient de taille moyenne, fouettez les œufs et, sans vous arrêter, incorporez le lait et la vanille. Réservez.
7. Dans le bol d'un mixeur équipé d'une feuille de pétrissage (ou dans un grand récipient, en vous servant d'un mixeur à main), versez la farine, le sucre, la levure et le sel. Mélangez pour que tout soit lié. Ajoutez le beurre ramolli et battez à petite vitesse jusqu'à ce que des brisures de pâte se forment.

8. Réservez 12 cl du mélange de lait et versez le reste dans le mélange de farine. Battez à vitesse moyenne (ou rapide si vous utilisez un mixeur à la main) pendant environ 2 min. Arrêtez le mixeur, ajoutez le mélange de lait réservé et battez encore 1 min. Arrêtez de nouveau le mixeur, raclez les parois du bol puis mixez encore 30 sec. Versez la pâte dans les moules à gâteau en la divisant équitablement.
9. Mettez à cuire 15 à 20 min ou jusqu'à ce que la lame d'un couteau ressorte propre et sèche du centre. Sortez les gâteaux du four et laissez-les refroidir 15 min dans leurs moules. Passez ensuite une spatule coudée le long des parois d'un moule, couvrez-le d'une plaque à pâtisserie et retournez l'ensemble. Déposez le gâteau sur une grille. Démoulez le deuxième et laissez-les refroidir totalement.
10. Avec un grand couteau à dents, égalisez le sommet des deux gâteaux en le coupant. Tranchez ensuite les gâteaux en deux à l'horizontale. Cette recette ne requiert que trois des quatre couches que vous avez créées. Gardez les sommets et la quatrième couche pour d'autres recettes comme les Pop cakes multisaveurs (page 91).
11. **Préparation du sirop :** combinez le coulis d'airelles, l'eau et la liqueur d'orange (ou le jus d'orange) dans une petite casserole à feu moyen-vif et portez à ébullition. Baissez le feu à moyen-doux et laissez mijoter 1 min. Versez ensuite la préparation dans un récipient résistant à la chaleur et laissez refroidir au réfrigérateur. Une fois qu'il est froid, ce sirop peut être servi immédiatement ou être conservé jusqu'à 5 jours dans une boîte hermétique.
12. **Finition :** préparez un grand plat à trifle ou un saladier en verre à fond plat.
13. Coupez une des couches de gâteau en quatre lignes parallèles puis en trois lignes perpendiculaires afin d'obtenir des cubes. Déposez-les au fond du plat en recréant la couche en cercle et assurez-vous qu'ils touchent bien les parois du plat.
14. Versez environ ¼ du sirop d'airelle sur les cubes et utilisez un pinceau à pâtisserie pour l'étaler partout. Couvrez-les de ⅓ des framboises en les étalant uniformément. À nouveau, vérifiez qu'elles atteignent bien les parois du plat afin que vous puissiez les voir à travers le verre. Avec une passoire, tamisez la moitié du sucre glace sur les fruits puis étalez la moitié de la crème pâtissière dessus. Répétez l'ordre des couches : cubes de gâteau, sirop d'airelle, framboises, sucre glace et crème pâtissière. Finissez avec la troisième couche de gâteau. Mouillez-la avec le reste de sirop d'airelle et installez les framboises, mais réservez-en quelques-unes pour la décoration. Couvrez le tout et mettez-le au réfrigérateur le temps de monter la crème fouettée.
15. Dans un grand récipient ou le bol d'un mixeur équipé d'un fouet, fouettez la crème fraîche à vitesse rapide jusqu'à ce qu'elle forme des becs. Sortez le trifle du réfrigérateur et déposez avec soin la crème fouettée sur les framboises. Égalisez à l'aide d'une spatule. Décorez avec les framboises réservées puis remettez le trifle au froid pendant au moins 3 h ou toute une nuit.

Note | Le trifle peut être préparé 24 h à l'avance et les restes peuvent être conservés au réfrigérateur jusqu'à 2 jours en prenant soin de les couvrir.

R
H

BOISSONS

QUIDDITCH WORLD CUP
Nimbus 2000
Firebolt
Firebolt
Nimbus 2000

Pour 8 cuillères
Notes diététiques : SG*, V

Balais
À CHOCOLAT CHAUD

Les balais sont omniprésents dans le monde des sorciers. Pour les films, il était indispensable qu'ils soient très résistants. Le manche était donc constitué d'un cœur en titane aéronautique couvert d'acajou, auquel des branches de bouleau étaient ajoutés pour la brosse. Certains modèles étaient modifiés en fonction de leur propriétaire : celui de Nymphadora Tonks avait une brosse multicolore, un panier de vélo était accroché sur celui d'Arthur Weasley. Ici, les « balais » aux manches en bois ont une « brosse » faite de chocolat noir, de cacao et de sucre, vous offrant une boisson réconfortante que vous pourrez agrémenter d'éclats de bonbon à la menthe, de mini-guimauves ou de crème fouettée.

> **« Attends, c'est pas n'importe quel balai, Harry. C'est un Nimbus 2000 ! »**
>
> — Ron Weasley,
> *Harry Potter à l'École des Sorciers*

INGRÉDIENTS

- 400 g de pépites de chocolat noir
- 50 g de cacao en poudre non-sucré
- 25 g de sucre en poudre
- 30 g de crème épaisse
- 8 petites cuillères en bois plates

1. Habillez une plaque à pâtisserie d'une feuille de papier sulfurisé.
2. Dans un récipient allant au micro-ondes, faites fondre 200 g de pépites de chocolat par période de 30 sec. Mélangez entre chaque session afin que tout soit fondu. Incorporez le cacao en poudre, le sucre et la crème pour obtenir une pâte épaisse.
3. Remplissez le cuilleron de chaque cuillère en bois d'environ 2 cuil. à café de la pâte au chocolat pour lui donner l'apparence d'un balai. Posez les cuillères verticalement sur la plaque à pâtisserie de manière qu'elles soient stables. Mettez la plaque au réfrigérateur pendant 20 min.
4. Faites fondre le reste des pépites comme précédemment indiqué. Sortez les balais du réfrigérateur et plongez-les dans le chocolat fondu. Lissez avec une spatule de sorte que la partie « brosse » soit bien recouverte et attachée au manche de la cuillère. Avec les dents d'une fourchette, griffez le chocolat dans la longueur pour créer la texture des poils de la brosse. Reposez la cuillère verticalement sur la plaque et passez aux suivantes. Laissez refroidir 10 min ou jusqu'à ce que le chocolat soit dur.
5. Servez chaque balai avec une tasse de lait chaud ou toute autre boisson chaude de votre choix. Plongez le balai dans la tasse, laissez-le reposer 2 min et remuez ! N'oubliez pas de préparer tous les *toppings* que vous aimez : mini-guimauves, pépites de menthe, crème fouettée, etc.
6. Les balais peuvent être conservés jusqu'à 2 semaines dans une boîte hermétique ou être enveloppés dans du cellophane, si vous préférez les offrir. Si vous le souhaitez, n'hésitez pas à en personnaliser le manche avec le nom du destinataire ou les marques Nimbus 2000, Nimbus 2001, Éclair de feu ou même Coupe du Monde de Quidditch.

Cedric D
Harry Potter

Pour 4 verres
Notes diététiques : SG, V, V+*

PUNCH
de Poudlard

Dans *Harry Potter et la Coupe de Feu*, l'un des événements les plus attendus des élèves est le Bal de Noël organisé dans le cadre du Tournoi des Trois Sorciers. Sur les tables chargées de nourriture et de boissons se trouvaient également deux bols de punch en forme de chaudron, flanquant une sculpture de glace. D'autres breuvages étaient servis dans des bouteilles gravées de flocons de neige, contenant des liquides aux couleurs des quatre maisons de Poudlard. La teinte jaune de notre punch salue les deux vainqueurs du tournoi (Cedric Diggory de Poufsouffle et Harry Potter de Gryffondor). Celui-ci, comme ceux de Durmstrang (page 141) et de Beauxbâtons (page 143) sont proposés dans des quantités réduites, car ils sont conçus pour être servis en trio pour un total de 12 verres. Cependant, si vos invités sont nombreux, n'hésitez pas à doubler voire tripler les proportions.

INGRÉDIENTS

1 l de citronnade

12 cl de nectar d'abricot

3 à 4 branches de thym frais, et un petit supplément pour le service

2 cuil. à soupe de miel

½ citron coupé en tranches fines pour le service

¼ de cuil. à café de paillettes d'or alimentaires (facultatif)

1. Dans une casserole de taille moyenne, mélangez la citronnade, le nectar d'abricot, le thym et le miel à feu moyen. Amenez la préparation à petit bouillon, retirez-la du feu et laissez-la infuser 30 min. Passez la préparation à l'étamine dans un grand verre doseur doté d'un bec verseur et mettez au frais.
2. Pour le service, transférez votre boisson dans un grand pichet ou un bol à punch. Incorporez les paillettes d'or alimentaires, si vous le désirez, et ajoutez les tranches de citron et des branches de thym.

Note | Pour une version végane, remplacez le miel par du sirop d'agave.

« Je me demandais si tu accepterais de venir au Bal avec moi. »

— Harry Potter à Cho Chang, *Harry Potter et la Coupe de Feu*

Pour 4 verres
Notes diététiques : SG, V, V+

PUNCH
de Durmstrang

Un punch créé pour représenter Durmstrang se doit d'être relevé : il évoque ainsi les cracheurs de feu annonçant l'entrée des élèves dans la Grande Salle, lors du Tournoi des Trois Sorciers. La couleur rouge est omniprésente sur leurs tenues d'inspiration militaire, ornées d'un aigle à deux têtes, symbole de leur école. Lors du Bal de Noël, les élèves de Durmstrang se distinguent par leurs tuniques rouges aux fermoirs en forme de serres acérées et leur demi-cape en fourrure qui virevolte en entraînant leurs cavalières dans la danse. Avec sa saveur épicée par du poivre noir et du gingembre et adoucie par les jus de cerise et de pomme, ce punch vous rendra aussi dynamique que l'un des impétueux élèves de Durmstrang.

INGRÉDIENTS

- 50 cl de jus de pomme
- 1 feuille de laurier
- 1 racine de gingembre (30 à 45 g) épluchée et finement ciselée
- 1 cuil. à soupe de poivre noir en grains
- 50 cl de jus de cerise sans sucre
- ¼ de cuil. à café de paillettes d'argent alimentaires (facultatif)
- Feuilles de laurier fraîches pour le service (facultatif)

1. Dans une casserole de taille moyenne, mélangez le jus de pomme, la feuille de laurier, le gingembre et les grains de poivre noir à feu moyen. Portez à ébullition, retirez du feu et laissez infuser 30 min. Passez la préparation à l'étamine dans un grand verre doseur doté d'un bec verseur. Ajoutez le jus de cerise à ce jus de pomme infusé et mettez le tout au frais, en attendant de servir.
2. Pour le service, transférez votre boisson dans un grand pichet ou un bol à punch et décorez-la de quelques feuilles de laurier, si vous le désirez.

« Et maintenant, nos amis du Nord ! Accueillons les fiers garçons de Durmstrang... »

— Albus Dumbledore,
Harry Potter et la Coupe de Feu

Note | Ce punch est aussi délicieux servi chaud. Les punchs Poudlard, Durmstrang et Beaubâtons sont conçus pour être servis en trio pour un total de 12 verres. Si vos invités sont nombreux, n'hésitez pas à doubler, voire tripler les proportions.

PUNCH
de Beauxbâtons

Pour 4 verres
Notes diététiques : SG, V, V+

Derrière leur allure chic, les ravissantes jeunes filles de l'Académie de Beauxbâtons dissimulent une nature téméraire. D'un style comparable, ce punch très aromatique mêle les senteurs rondes de la lavande au relief du jus de raisin pétillant en un magnifique hommage à ces élèves sophistiquées. La costumière Jany Temime, elle-même Française, a choisi le classique et classieux « Bleu de France » pour leur uniforme, contrairement au Bal de Noël, où elle souhaitait quelque chose de différent pour refléter au mieux la culture et le savoir-faire de son pays en matière de couture. Afin d'illustrer l'unité qui habite les élèves de Beauxbâtons, ces dernières étaient vêtues de robes bleu-gris requérant, rien que pour celle de Fleur Delacour, trente mètres de mousseline.

« Veuillez accueillir avec moi les charmantes jeunes filles de l'Académie de Magie Beauxbâtons... »

— Albus Dumbledore,
Harry Potter et la Coupe de Feu

INGRÉDIENTS

110 g de sucre en poudre

2 cuil. à café de lavande alimentaire séchée

1 à 2 gouttes de colorant alimentaire bleu clair

¼ de cuil. à café de paillettes alimentaires pervenche (facultatif)

1 l de jus de raisin pétillant bien froid

Brins de lavande pour le service (facultatif)

1. Dans une petite casserole, portez à ébullition le sucre et 25 cl d'eau à feu moyen, en remuant jusqu'à ce que le sucre soit dissous. Retirez la casserole du feu et ajoutez la lavande en touillant. Laissez infuser 30 min. Passez la préparation à l'étamine dans un verre doseur doté d'un bec verseur, ajoutez le colorant et, si vous le souhaitez, les paillettes alimentaires.
2. Pour servir, ajoutez le sirop de lavande au jus de raisin pétillant en les combinant dans un grand pichet ou un bol à punch. Si vous le souhaitez, décorez de quelques brins de lavande qui flotteront à la surface.

Note | Les punchs Poudlard, Durmstrang et Beaubâtons sont conçus pour être servis en trio pour un total de 12 verres. N'hésitez pas à doubler, voire tripler les proportions. Conservez ce sirop au réfrigérateur dans un récipient hermétique jusqu'au service.

Pour 4 tasses
Notes diététiques : SG, V, V+

EARL GREY
Surpuissant du Professeur Trelawney

La tasséomancie ou l'art de lire l'avenir en observant les feuilles de thé dans une tasse constitue la première leçon de divination prodiguée par le Professeur Sibylle Trelawney aux troisième année. En étudiant les feuilles de la tasse d'Harry, Ron y voit de la souffrance... qui rendra toutefois heureux son ami. Mais quand Trelawney regarde à son tour, elle y repère le « Sinistros », un présage de mort. D'un autre côté, elle voit quelque chose de sinistre à chaque tasse retournée. Ici, tout ce que contient la boisson est on ne peut plus positif : la saveur vive du thé Earl Grey et du sirop de sucre au citron, et la puissance d'un bon gin bien sec.

> **« Ouvrez votre esprit ! »**
>
> — Sibylle Trelawney,
> *Harry Potter et le Prisonnier d'Azkaban*

INGRÉDIENTS

Pour le sirop de sucre au citron
3 citrons
230 g de sucre

Pour le thé
2 sachets de thé « Earl Grey »
11 cl de sirop de sucre au citron
24 cl de jus de citron pressé
24 cl de gin
4 tranches de citron pour le service

1. **Préparation du sirop de sucre au citron :** à l'aide d'un épluche-légumes ou d'un couteau d'office, récupérez le zeste des citrons, en le faisant le plus fin possible car il faudra ensuite les presser pour leur jus.
2. Versez le zeste des citrons dans une petite casserole, ajoutez 23 cl d'eau et le sucre. Portez à ébullition à feu moyen et remuez jusqu'à ce que le sucre soit complètement dissous, soit environ 1 min. Laissez refroidir et transférez la préparation dans un récipient hermétique. Vous pourrez le garder jusqu'à 1 semaine au réfrigérateur.
3. **Préparation du thé :** dans un verre doseur résistant à la chaleur ou une tasse, versez 24 cl d'eau bouillante sur les sachets de thé et laissez infuser 6 min. Retirez les sachets et mettez le thé au réfrigérateur jusqu'au moment de servir.
4. Pour le service, remplissez un pichet à cocktail de glaçons jusqu'à mi-hauteur, versez le thé, le sirop de sucre au citron, le jus de citron et le gin. Mélangez bien pour refroidir l'ensemble et transférez le thé dans des verres ou des tasses en utilisant un tamis. Décorez chaque verre d'une tranche de citron.

Pour 8 personnes
Notes diététiques : SG, V, V+

CIDRE AUX ÉPICES
ensorcelé

Le cidre aux épices est une boisson traditionnelle, servie durant la période de Noël. Il trouve, selon les dires, ses origines dans un autre breuvage appelé « wassail », obtenu à partir de pommes rôties et mentionné dans un chant de Noël très populaire. Dans *Harry Potter à l'École des Sorciers*, le chœur des fantômes entonne très rapidement un chant de Noël intitulé *Que sonne la cloche de Poudlard*.

« Joyeux Noël, joyeux Noël,
La cloche de Poudlard retentit !
Joyeux Noël, joyeux Noël,
Jette un sort, jeune apprenti. »

— Chanteurs de Noël fantômes,
Harry Potter à l'École des Sorciers

Note | Les proportions de cette recette peuvent être facilement doublées.
Les mijoteuses sont parfaites pour préparer tout ce qui ressemble à un vin chaud.

INGRÉDIENTS

- 2 pommes
- 2 oranges
- 1 cuil. à soupe de clous de girofle
- 1,9 l de cidre de pomme non-filtré
- 4 cuil. à soupe de cassonnade
- 4 bâtons de cannelle
- 2 anis étoilés
- 2 pincées de noix de muscade

1. Émincez l'une des pommes en tranches fines et épépinez-les. Réservez l'autre pomme pour le service.
2. Coupez l'orange en deux horizontalement et émincez-la en tranches fines. Réservez l'autre pour le service.
3. Afin de pouvoir les retirer facilement de la préparation, plantez les clous de girofle dans la dernière tranche d'orange ou placez-les dans une boule à thé.
4. **Cuisson à la mijoteuse :** rassemblez le cidre, la cassonnade, les tranches de pomme et d'orange, les clous de girofle, la cannelle, l'anis étoilé et la noix de muscade dans une mijoteuse puis cuisez à chaleur basse 1 h à 1 h 30 en remuant à mi-cuisson.
5. **Cuisson traditionnelle :** versez 1 l de cidre et la cassonnade dans une grande marmite et cuisez à feu moyen-doux jusqu'à ce que le sucre soit dissous et que le cidre mijote à petit bouillon. Baissez le feu et ajoutez le reste du cidre, les tranches de pomme et d'orange, les clous de girofle, les bâtons de cannelle, les anis étoilés et la noix de muscade. Dès que le liquide mijote légèrement, laissez-le cuire 30 à 45 min à feu doux puis éteignez le feu, remuez et laissez reposer 10 à 15 min.
6. Servez le cidre tiède dans des tasses, accompagné de tranches des fruits préalablement réservés. Mettez une tranche dans chaque tasse.
7. Cette boisson peut être conservée 1 à 2 jours au réfrigérateur dans un récipient hermétique. Avant de mettre votre cidre au frais, n'oubliez pas de retirer tous les fruits et les épices afin d'éviter que les premiers fermentent et les deuxièmes donnent un goût trop prononcé. Avant de servir, réchauffez le cidre dans une grande marmite à feu moyen.

Pour 2 verres
Notes diététiques : SG, V, V+

HAIR OF THE CAT

Afin de découvrir l'identité de l'héritier de Serpentard qui a lâché l'effroyable Basilic sur les nés-Moldus de Poudlard dans *Harry Potter et la Chambre des Secrets*, Hermione prépare du Polynectar et se sert des cheveux de Crabbe et Goyle pour permettre à Harry et Ron d'entrer dans la salle commune des Serpentard. Hélas, la jeune élève s'est trompée et a récupéré sur la robe de Millicent Bulstrode des poils de chat qui l'ont transformé en hybride de chat humain. Elle ne peut donc plus accompagner ses deux amis. L'équipe des effets spéciaux souhaitant donner à la potion l'aspect le plus dégoûtant possible y ajouta des morceaux de légumes et divers colorants alimentaires. Le breuvage fut ensuite servi glacé aux acteurs afin d'obtenir une réaction authentique de leur part. Cette recette exotique inspirée par ce passage rassemble des kiwis, du citron vert et de la noix de coco. À n'en pas douter, elle provoquera une réaction de délice parmi vos invités.

> **« Regardez mon visage.**
> **– Regarde ta queue. »**
>
> — Hermione Granger et Ron Weasley,
> *Harry Potter et la Chambre des Secrets*

INGRÉDIENTS

2 kiwis mûrs
50 cl d'eau de coco bien froide
2 cuil. à soupe de graines de chia
1 citron vert
1 pincée de paillettes alimentaires vertes (facultatif)
4 cuil. à soupe de noix de coco râpée et torréfiée

1. Épluchez les kiwis et enlevez-en les cœurs. Passez la chair au mixeur. Ajoutez l'eau de noix de coco et laissez tourner à grande vitesse jusqu'à ce que les kiwis soient réduits en purée. Transférez cette préparation dans une boîte hermétique puis ajoutez les graines de chia, le jus de la moitié du citron et si vous le souhaitez, les paillettes alimentaires. Mélangez, couvrez et mettez au réfrigérateur pour 15 à 20 min ou jusqu'à ce que la boisson épaississe.
2. Juste avant de servir, coupez le demi-citron vert restant en deux et frottez les quartiers sur les bords de deux verres pour les humidifier. Versez la noix de coco râpée dans une assiette creuse et plongez-y les bords des verres afin de bien les couvrir. Transférez équitablement la boisson dans les deux verres et servez immédiatement.

Pour 6 verres
Notes diététiques : SG, V, V+*

VIN CHAUD
magique

Voilà des siècles que les festoyeurs britanniques pratiquent l'opération consistant à chauffer un vin, à le sucrer et à lui donner de la saveur en lui adjoignant des épices : c'est ce qu'ils appellent un vin chaud digne de ce nom. Ainsi, notre boisson réconfortante mêle la douceur de la clémentine et du miel à la note de réglisse venant de l'anis étoilé et à une bonne rasade de cognac, pour la chaleur. Cela est aussi bon que beau pour toute fête de Noël ! À savoir que l'hydromel a été créée par les Romains, qui occupèrent les plus froides régions d'Europe. En plus de les réchauffer, elle leur apportait maints bienfaits grâce à ses fruits et ses épices. Ce breuvage ressemble beaucoup à l'hydromel dont Horace Slughorn partage une bouteille avec Harry et Ron, jusqu'à ce qu'ils comprennent qu'il a été empoisonné quand Ron tombe malade. Ils auraient mieux fait de boire un vin chaud !

> **« Tenez, mon vieux. Cul-sec ! »**
>
> — Horace Slughorn,
> *Harry Potter et le Prince de Sang-Mêlé*

INGRÉDIENTS

3 clémentines
1 cuil. à soupe de clous de girofle
1 bouteille de 75 cl de vin rouge
25 cl de jus d'orange
140 g de miel
2 cuil. à soupe de cassonnade
4 bâtons de cannelle
2 anis étoilés
1 feuille de laurier
½ cuil à café de mélange cinq-épices
6 cl de cognac (facultatif)

1. Coupez deux des clémentines en trois tranches épaisses. Réservez la dernière clémentine pour le service. Afin de pouvoir les retirer facilement de la préparation, plantez les clous de girofle dans la peau des clémentines ou placez-les dans une boule à thé.
2. **Cuisson à la mijoteuse :** rassemblez les tranches de clémentines, le vin, le jus d'orange, le miel, la cassonnade, la cannelle, l'anis étoilé, le laurier et le cognac dans la mijoteuse et portez à petit bouillon jusqu'à ce que le sucre et le miel se dissolvent. Laissez cuire 1 h 30. À l'aide d'une écumoire, retirez les morceaux de clémentines et les épices. Servez chaud dans des tasses avec une tranche de clémentine fraîche à la surface.
3. **Cuisson traditionnelle :** dans une grande marmite, rassemblez le jus d'orange, le miel et la cassonnade puis portez à petit bouillon jusqu'à ce que le sucre et le miel se dissolvent. Ajoutez le vin, les tranches de clémentines, la cannelle, l'anis étoilé, le laurier et le cognac. Dès que le petit bouillon revient, laissez cuire 30 min. Servez-vous d'une écumoire pour retirer les clémentines et les épices. Servez chaud dans des tasses avec une tranche de clémentine fraîche à la surface.
4. Ce vin chaud peut être conservé 1 ou 2 jours au réfrigérateur dans un récipient hermétique. Retirez les clémentines et les épices afin d'éviter que les premières fermentent et les deuxièmes altèrent le goût. Au service, réchauffez lentement le vin chaud dans la mijoteuse ou dans une grande marmite à feu moyen-doux, sans faire bouillir.

Note | Pour une version végane, remplacez le miel par du sirop d'agave. Les fruits et les épices apporteront tant de saveur qu'il est inutile d'utiliser un vin cher. Un Cabernet, un Zinfandel ou un Malbec bon marché est idéal.

COCKTAIL
« sous le gui »

Pour 2 verres
Notes diététiques : SG, V, V+

Dans *Harry Potter et l'Ordre du Phénix*, Harry Potter échange son premier baiser avec Cho Chang alors que le reste de l'Armée de Dumbledore est parti pour les vacances de Noël. Elle lui plaisait déjà depuis quelque temps mais ils expriment enfin leurs sentiments respectifs quand Cho lui signale être tout deux placés sous une branche de gui. Les acteurs Daniel Radcliffe et Katie Leung étaient nerveux avant de tourner cette scène : le garçon reconnaît avoir « mâché beaucoup de chewing-gum ce jour-là, par courtoisie ». Dans ce cocktail, la menthe comestible représente le gui — qui est toxique — et devrait transformer le moindre bécot en un véritable succès.

INGRÉDIENTS

5 à 6 feuilles de menthe, et un petit supplément pour le service

11 cl de lait de coco

3 cl de sirop de sucre, plus 1 cuil. à soupe pour le service

5,5 cl de jus de citron vert

11 cl de rhum blanc

5,5 cl d'eau de noix de coco

1 cuil. à soupe de sucre en poudre pour le service

1. Dans un shaker à cocktail, mélangez la menthe, le lait de coco et le sirop de sucre. Ajoutez 5 ou 6 glaçons dans le shaker ainsi que le jus de citron vert, le rhum et l'eau de noix de coco. Remplissez deux verres hauts de glaçons.
2. Secouez jusqu'à ce que le shaker soit givré. À l'aide d'un tamis à cocktail, versez la boisson dans les verres et déposez quelques feuilles de menthe sucrées pour décorer (voir note).

Note | Pour faire des feuilles de menthe sucrées, mélangez 1 cuil. à soupe de sirop de sucre avec 1 cuil. à soupe d'eau jusqu'à ce que la préparation soit homogène. Avec un pinceau à pâtisserie, déposez une couche très fine du mélange au sirop sur les feuilles de deux brins de menthe à courte tige. Saupoudrez de sucre et laissez sécher sur une assiette. Pour la finition de ce cocktail, déposez un pic en bois en travers du verre et suspendez-y votre brin de menthe la tête en bas, comme du gui.

« C'est du gui.
— Mais sans doute infesté de Nargoles. »

— Cho Chang et Harry Potter,
Harry Potter et l'Ordre du Phénix

Pour 1 verre
Notes diététiques : V, SG

FIZZ À LA CITROUILLE

Les citrouilles sont très présentes dans le quotidien des sorciers : jus de citrouille (une boisson appréciée des élèves de Poudlard), les citrouilles décorant les tables de la Grande Salle pour Halloween, le champ de citrouilles à l'arrière de la maison d'Hagrid ou encore les gâteaux au chocolat en forme de citrouille servis au Festin de bienvenue du Tournoi des Trois Sorciers. D'ailleurs, quelques-uns des accessoires servant de citrouilles dans le jardin d'Hagrid ont été utilisés pour créer les moules des gâteaux au chocolat. La douceur du jus de pomme se marie à la touche épicée du beurre de citrouille et des notes de gingembre dans ce breuvage pétillant à s'en lécher les babines.

> **« Il n'y a que des grands verres dans cette maison, Professeur. »**
>
> — Rubeus Hagrid,
> *Harry Potter et le Prisonnier d'Azkaban*

INGRÉDIENTS

Pour le beurre de citrouille
1,5 kg de courge d'hiver (type Jarrahdale, la Winter Luxury ou butternut)
23 cl de jus de pomme
2 cuil. à soupe d'extrait de vanille
150 g de cassonade
1 cuil. à café de cannelle moulue
¼ de cuil. à café de clous de girofle

Ustensiles
8 pots à confiture de 13,5 cl ou 4 de 25 cl

Pour le fizz de citrouille
3 cuil. à soupe de jus de pomme
2 cuil. à soupe de beurre de citrouille
18 à 23 cl de bière au gingembre (disponible sur le net)

1. **Préparation du beurre de citrouille :** stérilisez les pots à confiture avec leur système de fermeture. Préchauffez le four à 180 °C (th. 6).
2. Ouvrez chaque courge en deux et, à l'aide d'une cuillère, débarrassez-vous des graines et de la pulpe filandreuse. Coupez la tige et jetez-la.
3. Versez 12 cl de jus de pomme et 12 cl d'eau dans un plat à rôtir. Déposez les morceaux de courges dans le plat, faces ouvertes vers le bas, et mettez-les à rôtir 45 à 50 min ou jusqu'à ce que la chair soit tendre en la piquant avec une fourchette.
4. Laissez les courges refroidir 10 min puis, à l'aide d'une fourchette, séparez la chair de la peau. Mettez la chair et le liquide de la plaque à rôtir dans une casserole. Jettez la peau.
5. Ajoutez le jus de pomme restant, l'extrait de vanille, la cassonnade, la cannelle et les clous de girofle. Posez la casserole sur un feu moyen et cuisez la préparation en la remuant environ 10 min jusqu'à ce qu'elle commence à frémir. Baissez le feu, couvrez et laissez mijoter 20 à 25 min ou jusqu'à ce que la préparation couvre le dos d'une cuillère avant de retomber dans la casserole.
6. Retirez la casserole du feu et servez-vous d'un mixeur plongeant pour donner un aspect lisse à la préparation. Remplissez immédiatement les pots à confiture et fermez-les. Laissez-les refroidir à température ambiante puis placez-les au réfrigérateur où ils pourront être conservés jusqu'à 3 semaines.
7. **Préparation du fizz :** dans un verre haut, mélangez le jus de pomme avec le beurre de citrouille jusqu'à obtenir un résultat homogène. Remplissez le verre de glaçons et versez dessus la bière au gingembre. Remuez doucement pour mélanger ou servez tel quel avec une cuillère ou une paille.

1 tasse de sirop
Notes diététiques : SG, V, V+

SIROP
du Lac Noir

Le sirop de sucre adoucit tous les breuvages et, pourtant, il ne s'agit que du mélange simple et à parts égales de sucre et d'eau chauffé jusqu'à dissolution du sucre. Il est ensuite ajouté à des boissons ou à des cocktails bien frais. Il peut également être accommodé en ajoutant d'autres ingrédients tels que du cacao noir en poudre, comme c'est le cas ici, avec ce sirop inspiré par le Lac Noir. Ce lieu est à tout point nommé tant il est difficile de distinguer quoi que ce soit sous sa surface opaque, comme le découvre Harry au cours de la deuxième épreuve du Tournoi des Trois Sorciers, dans *Harry Potter et la Coupe de Feu*. Une goutte du Sirop du Lac Noir dans un vin pétillant et vous créez un mimosa noir. Il peut aussi accompagner un *ginger ale* ou entrer dans la composition du Black & Orange (page 155). Ce sirop basique rendra avec simplicité toutes vos boissons plus sombres (et donc plus classes) et plus douces.

INGRÉDIENTS

230 g de sucre en poudre
23 cl d'eau
1 cuil. à soupe de cacao noir en poudre

1. Dans une petite casserole, portez à ébullition le sucre et 23 cl d'eau à feu moyen-vif et remuez constamment jusqu'à ce que le sucre soit dissous, soit environ 1 min.
2. Laissez refroidir 15 min et incorporez le cacao noir en fouettant pour homogénéiser la préparation. Veillez à ce qu'il n'y ait aucun grumeau. Vous pouvez conserver ce sirop jusqu'à 1 semaine au réfrigérateur dans un récipient hermétique.

Pour 1 verre
Notes diététiques : SG, V, V+

BLACK & ORANGE

Le Black & Tan est un cocktail anglais populaire combinant une *stout* (bière noire) et une *pale ale* (bière blonde) qui, du fait de la différence de densité entre les deux, ne se mélangent pas. Cette version baptisée « Black & Orange » offre un rebondissement magique en faisant se côtoyer le Sirop du Lac Noir sucré (page 154) avec la saveur puissante et épicée d'un Fizz à la citrouille (page 153).

> **« Mimi, il n'y a pas de sirènes dans le Lac Noir, n'est-ce pas ? »**
>
> — Harry Potter,
> *Harry Potter et la Coupe de Feu*

INGRÉDIENTS

- 2 cuil. à soupe de Sirop du Lac Noir (page 154)
- 3 cuil. à soupe de jus de pomme
- 2 cuil. à soupe de beurre de citrouille
- 18 à 23 cl de bière au gingembre ou du *ginger ale*

1. Versez le Sirop du Lac Noir au fond d'un grand verre en veillant à ne pas en mettre sur les parois. Dans un petit récipient, mélangez le jus de pomme et le beurre de citrouille jusqu'à ce que le résultat soit homogène.
2. Remplissez le grand verre de glaçons et versez la préparation au jus de pomme. Laissez les couches se mettre en place puis ajoutez la bière au gingembre ou le *ginger ale* en la faisant couler sur le dos d'une cuillère. Servez immédiatement avec une paille ou une cuillère pour remuer.

Pour 1 verre
Notes diététiques : SG

LA DAME GRISE

Dans *Harry Potter et les Reliques de la Mort — 2e partie*, il est révélé que le fantôme de la maison Serdaigle, la Dame Grise, est en réalité la fille de Rowena Serdaigle. Celle-ci était la fondatrice de la maison et portait un diadème dont Voldemort fit un Horcruxe. Ce bijou, conçu par Miraphora Mina, représente un aigle fait de pierres bleues et entouré de gouttes blanches. La devise de la maison Serdaigle y est inscrite. Visuellement, cette boisson évoque la brillance du diadème par les bords des verres givrés de sucre et la présence fantomatique de la Dame Grise par les nuances bleu-gris du liquide.

> **« Tout homme s'enrichit quand abonde l'esprit. »**
>
> — Devise de la maison Serdaigle

INGRÉDIENTS

Pour le sirop de sucre
230 g de sucre
1 cuil. à soupe de fleurs de pois Papillon

Pour la boisson
2 cuil. à soupe de sucre coloré bleu foncé
½ cuil. à soupe de sirop de sucre
3 mûres
1 cuil. à café de poudre à meringue
6 cl de vodka
3 cl de St-Germain ou de liqueur de sureau

Ustensile
1 coupe à champagne

1. **Préparation du sirop de sucre :** versez le sucre et 23 cl d'eau dans une petite casserole. Portez à ébullition sur feu moyen-vif en remuant constamment jusqu'à ce que le sucre soit dissout. Hors du feu, ajoutez les fleurs, touillez et laissez infuser et refroidir pendant environ 1 h. Passez la préparation à l'étamine dans un récipient hermétique et conservez ce sirop au réfrigérateur jusqu'à 1 semaine.
2. **Préparation du cocktail :** versez quelques gouttes de sirop dans une assiette creuse et le sucre coloré dans une autre. Mouillez le bord de la coupe à champagne avec un peu de sirop et passez ce bord dans le sucre en le tournant pour qu'il soit bien réparti. Incisez une mûre et posez-la à cheval sur le bord du verre.
3. Écrasez les deux mûres restantes avec le sirop de sucre au fond d'un shaker à cocktail. Ajoutez la poudre à meringue, la vodka, le St-Germain et quelques glaçons en veillant à laisser de la place à la mousse qui va se créer. Secouez avec vigueur jusqu'à ce que l'extérieur du shaker se couvre de givre. À l'aide d'un tamis, versez le cocktail dans le verre à champagne. Servez immédiatement.

Note | Il est possible de remplacer les fleurs de pois Papillon par du colorant alimentaire, mais cela ne créera pas l'effet magique de changement de couleur et modifiera la teinte de votre cocktail.

R
H

POUR VIVRE UN NOËL À LA HARRY POTTER...

« La veille de Noël, nos invités et nous serons réunis dans
la Grande Salle pour une soirée d'une frivolité mesurée et convenable. »

— Minerva McGonagall, *Harry Potter et la Coupe de Feu*

PRÉPARATIONS DE FÊTES
ET SUGGESTIONS DE MENUS

Existe-t-il quoi que ce soit de plus agréable que de se réunir en famille et entre amis pour une soirée à la nourriture et aux boissons délicieuses, où la conversion est engageante, le tout dans un magnifique décor ? Selon nous, oui : surtout si la soirée en question a pour thème le merveilleux monde magique des films *Harry Potter*.

Mais, dans le monde réel, personne ne peut organiser une soirée de fête d'un simple coup de baguette. Les préparatifs réclament du temps, du travail et un souci du détail qui les rendent uniques et inoubliables tant pour les invités que pour l'hôte ou l'hôtesse. Si, lors du tournage du banquet de bienvenue dans *Harry Potter à l'École des Sorciers*, l'équipe du film eut à servir 450 élèves, nous vous conseillons de viser un nombre bien plus restreint de convives pour votre première réception entre sorciers. Vous pouvez opter pour une soirée raffinée mettant la danse à l'honneur, comme le Bal de Noël de *Harry Potter et la Coupe de Feu*, ou un cocktail dînatoire à l'ambiance feutrée, évoquant la réunion de Noël du Club de Slug dans *Harry Potter et le Prince de Sang-Mêlé*.

Il faut prévoir beaucoup de choses quand on prépare une fête, surtout en matière de dressage de table, à commencer par les assiettes et les plats, les nappes, les serviettes et les couverts. À Poudlard, la vaisselle est en or pour tous les repas. Si vous le souhaitez, vous pouvez indiquer la place de chacun d'un petit carton nominatif et installer un, voire deux centres de table. Horace Slughorn se sert lui de lanternes rouges et, au cours de leur réveillon passé au 12, Square Grimmaurd, les Weasley ont semé partout des pochettes-surprises et des cartes de vœux.

Créer le cadre de la fête est essentiel et ce sont les éléments de décor qui en seront la clé : arbres, ornements, guirlandes et touches de lumière apporteront la magie indispensable à votre soirée. Vous pouvez décorer votre sapin en disposant un nain en or à son sommet, en attachant de petites étoiles d'or et des croissants de lune à ses branches ainsi que des oiseaux décoratifs ou des boules étincelantes, comme celles que le Professeur Flitwick fait léviter jusqu'aux hauteurs du sapin de la Grande Salle par un *Wingardium Leviosa*. Vous pouvez aussi orner votre arbre de Noël aux couleurs de votre maison de cœur. Durant la première année d'Harry, le sapin de Gryffondor était couvert de pochettes-pétards (une tradition purement britannique) dorées et de petites boîtes enveloppées de rouge.

S'il ne vous est pas possible d'avoir un arbre, habillez les étagères et le haut des portes de branches de conifères et ajoutez-y des pommes de pin peintes en argent ou bien d'autres ornements. Vous pouvez aussi pendre des guirlandes et des couronnes aux portes et aux murs. À lui tout seul, le parfum du pin apportera l'ambiance de Noël indispensable à votre fête. Si vous ne disposez pas de cheminée, affichez sur votre télévision l'un des feux de bois disponibles sur les plateformes de streaming et suspendez une branche de gui dans la pièce (veillez juste à ce qu'elle ne soit pas infestée de Nargoles).

Rien n'établit mieux l'ambiance d'une fête que la nourriture, et une soirée sur un thème aussi spécifique que « Noël dans le monde des sorciers » exige

un menu iconique. Les traditions britanniques veulent des viandes et des légumes rôtis soient servis, mais ne négligez pas de savoureux fruits de mer et des plats en sauce. Ou, comme lors du Festin de Bienvenue du Tournoi des Trois Sorciers dans *Harry Potter et la Coupe de Feu*, ne servez que des desserts. Les hors-d'œuvre vont du sucré au salé et, pour affronter le froid de cette saison, rien ne vaut un Balai à chocolat chaud (page 137) ou un Vin chaud magique (page 149).

Parmi les préparatifs, citons la répétition des chants de Noël et de la distribution des cadeaux, la rédaction de cartes de vœux ou le découpage de flocons de neige pour fabriquer une guirlande rouge et or ou argent et verte que vous suspendrez dans la pièce à vivre. Vous pouvez aussi préparer des pochettes-pétards et des guirlandes dorées en spirale pour décorer votre sapin.

Il vous est même possible d'organiser votre propre version du Bal de Noël, avec un programme d'événements tel qu'une démonstration de mouvements de baguette pour lancer des sorts. Bien entendu, la danse sera de la partie : n'hésitez donc pas à distribuer une petite carte affichant quelques pas (assurez-vous de bien distinguer le pied gauche du pied droit). Durant ce célèbre bal de *Harry Potter et la Coupe de Feu*, les verres étaient en cristal et la vaisselle en argent. Les nappes, les chaises et tout ce qui trouvait dans la Grande Salle étaient aussi drapés d'argent. Pour le punch, servez-le dans des bols en forme de chaudron, et continuez la décoration en déposant de la fausse neige sur les sapins ou les pommes de pin. Assurez-vous aussi de vous vêtir « dans un style impressionnant », comme le précise le carton d'invitation originel (concevez votre propre tenue, mais surtout, n'écoutez pas les conseils de la grand-tante de Ron, Tessie !).

Organisez un Noël du monde des sorciers quelle que soit la période de l'année. Aspergez alors vos fenêtres de fausse neige et portez votre écharpe en laine favorite chez vous. Passez des chants de Noël, tout en préparant de succulents festins et de somptueux desserts. Toute date dans l'année est idéale pour se souhaiter un joyeux Noël.

Un échange « À L'ÉTROMPARD BLANC »

Un « éléphant blanc » est un échange de cadeaux où les participants piochent, chacun leur tour, dans un sac, en espérant obtenir le plus beau présent plutôt que le pire, appelé « l'éléphant blanc ». Pour s'adapter au monde des sorciers, on parlera plutôt « d'étrompard blanc ». Dans cette version, chaque invité amène un cadeau en lien avec Harry Potter et l'hôte ou l'hôtesse glisse dans un sac un Cake aux fruits de Noël (page 99), qui jouera le rôle d'étrompard blanc. Avant tout, chacun doit tirer un chiffre qui déterminera l'ordre dans lequel les convives piocheront dans le sac. Vous pouvez garder ce que vous avez sorti du sac ou « voler » le cadeau de quelqu'un passé avant vous. Toutefois, vous ne pouvez voler un cadeau qu'une seule fois par tour. Si un cadeau a été échangé trois fois, la quatrième personne doit le conserver et il ne peut plus être dérobé. Ce qui est magique, c'est que celui qui obtiendra le Cake aux fruits de Noël sera le grand vainqueur puisqu'il est délicieux !

Menu d'une soirée « BAL DE NOËL »

Les élèves de Poudlard reçoivent une invitation requérant leur plaisante présence pour célébrer Noël et le Bal de Noël du Tournoi des Trois Sorciers, au cours duquel des boissons et un Banquet de Noël leur seront servis, une Sorcière et un Sorcier du Bal seront élus et un Concours des Meilleurs Jeteurs de Sorts aura lieu. Avec ses punchs hauts en couleur, ses succulents poissons et un dessert aussi crémeux que fruité, ce menu sera l'attraction d'une « soirée d'une frivolité mesurée et convenable ».

Menu du cocktail dînatoire

DU CLUB DE SLUG

En dépit des événements qui émaillent *Harry et le Prince de Sang-Mêlé*, le Professeur Horace Slughorn parvient à organiser plusieurs soirées. Pour celle de Noël, il rassemble les membres les plus récents du Club de Slug avec les sorcières et les sorciers qu'il côtoie depuis des années. Un cocktail dînatoire est une occasion en or pour que les nouveaux amis se mêlent aux plus anciens et que tous profitent d'une soirée de fêtes de fin d'année intimiste. Ce menu suggère un large éventail de goûts et de textures : des noix, des fruits, des mets relevés, d'autres plus doux… Tout cela devrait charmer vos invités.

QUIDDITCH WORLD CUP
Firebolt
Firebolt
Nimbus 2000

Menu pour une soirée-cinéma

AUPRÈS DU FEU

Par les froides soirées d'hiver, rien n'est plus agréable que se réunir entre amis pour regarder un ou deux de ses films préférés. Ce menu recèle de recettes douces et amusantes qui réchaufferont vos invités des pieds à la tête, même sans cheminée. Visiter Poudlard par film interposé peut constituer un substitut très pratique : en quelques minutes, vous passez de l'âtre allumé de la salle commune de Gryffondor aux flambeaux et au feu ardent de la Grande Salle.

Menu du réveillon de Noël

AU SQUARE GRIMMAURD

Le réveillon de Noël est un moment de joie, attendu avec impatience. Qui sera là ? Quelles histoires allons-nous partager ? Quels seront les cadeaux distribués le lendemain ? (Si vous êtes un Weasley, il y a fort à parier qu'il s'agira de quelque chose tricoté par Molly !) La bonne idée est de concevoir un menu copieux pour le réveillon ouvrant les fêtes de fin d'année, et ce dîner si spécial respecte aussi bien des traditions ancestrales qu'il adresse un clin d'œil à l'avenir (tel celui de Sirius à Harry).

MENU DU JOUR DE NOËL

S'il existe bien une chose que les Moldus et les sorciers ont en commun, c'est le plaisir de retrouver leurs proches pour célébrer Noël. En cette période, Poudlard est décoré de sapins et de couronnes qui embaument les lieux, des présents choisis avec soin sont échangés et tout le monde se réunit autour d'une table pour déguster de délicieux légumes, de succulents plats de viande et des pains consistants. Puis, un dessert spectaculaire conclut tout cela en mettant en exergue le bonheur des fêtes. Un menu de Noël comme celui-ci ne peut que rendre magiques ces moments de joie.

MENU DU BOXING DAY

Le « Boxing Day », ou le jour qui suit Noël, est idéal pour rendre visite à ceux qui recevaient leurs proches pour le repas de Noël et échanger quelques cadeaux. On parle bien sûr des cadeaux que l'on offre dans des boîtes, mais aussi celui de se rassembler et de partager avec ceux qui nous sont chers toute une sélection de bienfaits comestibles, dont les plats qui composent ce menu. Ces derniers permettent d'utiliser les restes du repas de Noël, en organisant un brunch par exemple, et s'avèrent incroyablement savoureux.

QUELQUES EXPLICATIONS...

Déglacer : c'est l'action d'ajouter un liquide, le plus souvent du vin ou du bouillon, dans un plat de cuisson chaud afin d'en décoller les sucs caramélisés. Ceux-ci sont chargés de saveurs plaisantes à utiliser. Un déglaçage est souvent la première étape de la confection d'une sauce succulente.

Tapis de cuisson en silicone : utilisés pour les cuissons au four ou l'entreposage au froid, ces objets résistent aux hautes températures. Ils sont pratiques pour abaisser la pâte et peuvent passer du plan de travail au réfrigérateur puis au four, sans avoir à manipuler la pâte. Enfin, ils n'attachent pas et sont simples à nettoyer.

Pâte et extrait de vanille : la première peut créer l'illusion que vous avez ouvert et gratté une gousse de vanille. Si elle est plus chère que l'extrait, il existe beaucoup de recettes dans lesquelles la pâte de vanille s'exprimera pleinement en sublimant votre plat. Il est possible de la remplacer à proportion égale par de l'extrait de vanille.

Lait : dans ce livre, le mot « lait » désigne toujours celui que nous fournissent les vaches, sauf si la recette précise autre chose. Qu'il soit écrémé, demi-écrémé ou entier, n'importe quel lait fera l'affaire si rien n'est indiqué.

Sel : sans précision, choisissez le sel de votre choix. Dans ce livre, le sel casher est le plus souvent utilisé.

Dorure : fouettez 1 œuf et 1 cuil. à soupe d'eau jusqu'à homogénéisation. Avec un pinceau à pâtisserie, badigeonnez-en la pâte des pâtisseries et des pains. Ainsi, ils ressortiront bien dorés du four.

Éplucher du gingembre : pour enlever la peau du gingembre facilement, servez-vous des bords d'une petite cuillère. Ainsi, cette racine restera entière et vous ferez le moins de perte possible.

« Luster dust » : il s'agit de paillettes comestibles trouvables sur le net ou dans des boutiques spécialisées. Elles peuvent être mélangées à des alcools clairs pour créer un aspect étincelant ou être déposées au pinceau.

Sumac : tiré des baies de la fleur de sumac, ce produit a un goût aigre et légèrement acide. On s'en sert beaucoup dans la cuisine méditerranéenne ou moyen-orientale. Il est parfait pour les assaisonnements à sec, les marinades et même les sauces, car il ajoute une saveur percutante et de la couleur.

Ustensiles résistants à la chaleur contre ustensiles antiadhésifs : dans ce livre, de nombreuses recettes utilisent des ustensiles résistants à la chaleur (poêles et casseroles en inox, en fonte ou émaillées). C'est sur ces types d'ustensiles que sont basées les températures de cuisson annoncées ici. Mais si vous préférez les ustensiles antiadhésifs, assurez-vous de connaître la température maximale d'utilisation, sachant que la plupart ne doivent pas être exposés à un feu plus puissant que moyen et ne sont pas adaptés pour la cuisson au four. Il faudra donc adapter les temps de cuisson.

CONSIDÉRATIONS DIÉTÉTIQUES

Lexique | SG : Sans Gluten | V : Végétarien | V+ : Végétalien | V* : Facile pour végétarien | V+* : Facile pour végétalien | SG* : Facile pour sans gluten

Petits déjeuners

Livres feuilletés de la Réserve de la bibliothèque .... **V**
Granola du Tournoi des Trois Sorciers .... **SG*, V, V+***
Bubble and squeak de Rogue .... **SG, V***
Flan saucisse à la Londubat
Toasts foudroyés par l'Élu et leurs œufs mollets .... **SG*, V**

Soupes & entrées

Noix épicées de Noël du Club de Slug .... **SG, V**
En-cas du chaudron bouillonnant .... **SG, V**
Steak tartare du Suédois à museau court .... **SG***
Cocktail de crevettes du Bal de Noël .... **SG**
Amuse-gueules roulés de Slughorn .... **SG, V*, V+***
Vichyssoise de Nicolas Flamel .... **SG, V**
Ragoût de potiron d'Hagrid .... **SG, V, V+**
Soupe de tomates rôties au fromage toasté à la Marmite .... **SG*, V, V+***

Pains & accompagnements

Couronne de fête du Terrier .... **V**
Les super choux à la Chourave .... **SG**
Petits pains du Square Grimmaurd .... **V**
Pommes de terre à la braise de Sirius Black ..... **SG, V, V+***
Focaccia version « Pull de Weasley » .... **V, V+**
Yorkshire pudding de Poudlard .... **V***

Plats

Salade verte en direct de la Serre numéro 3 ..... **SG, V, V+***
L'hospitalier hachis irlandais de Mme Pomfresh ..... **SG, V**
Brochettes de bœuf épicées des « Cracheurs de feu célèbres » .... **SG**
Tourte de la Carte du Maraudeur
Friands de l'Œuf d'or
Rôti de bœuf du réveillon de Noël .... **SG**
Carré d'agneau de Noël .... **SG**
Dinde rôtie des fêtes à la mode de Square Grimmaurd .... **SG***
Poisson à la française de Beauxbâtons .... **SG**
Tourte anglaise au poisson du Bal de Noël .... **SG**

Desserts

Popcorn « Vif d'or » .... **SG, V***
Craquants aux graines de citrouille d'Hagrid .... **SG, V**
Pop cakes multisaveurs .... **V**
Tartelettes aux fruits hachés .... **V**
Cakes aux fruits de Noël .... **V**
Tarte à la mélasse .... **V**
Gâteau enneigé du Terrier .... **V**
Cupcakes somnifères .... **V**
Bougie flottante de la Grande Salle .... **V**
Tarte-échiquier « Version sorcier » .... **V**
Tarte à la glace au caramel .... **SG*, V**
Pop biscuits « Navré Neville » .... **V**
Biscuits fourrés à la confiture de la Salle Commune ...... **V**
Sablés de Noël .... **V**
Biscuits du Golden Trio .... **V**
Pot de crème du Professeur Trelawney .... **SG, V**
Boules de neige furtives de Pré-au-Lard .... **V**
Pudding aux figues du Professeur Flitwick .... **V**
Crème glacée au caramel .... **SG, V**
Trifle des Trois Sorciers .... **V**

Boissons

Balais à chocolat chaud .... **SG*, V**
Punch de Poudlard .... **SG, V, V+***
Punch de Durmstrang .... **SG, V, V+**
Punch de Beauxbâtons .... **SG, V, V+**
Cidre aux épices ensorcelé .... **SG, V, V+**
Earl Grey Surpuissant du Professeur Trelawney .... **SG, V, V+**
Hair of the Cat .... **SG, V, V+**
Vin chaud magique .... **SG, V, V+***
Cocktail « sous le gui » .... **SG, V, V+**
Fizz à la citrouille .... **V**
Sirop du Lac Noir .... **SG, V, V+**
Black & Orange .... **SG, V, V+**
La Dame Grise .... **SG**

Pour la version originale
Livre publié pour la première fois aux États-Unis, en 2023, sous le titre *From the films of Harry Potter: Official Christmas Coobook* par Insight Editions, San Rafael, California.

Texte de Jody Revenson
Recettes d'Elena Craig
Photographies de Ted Thomas
Illustrations de Paula Hanback

Pour la version française

58, rue Jean Bleuzen — 92178 Vanves Cedex

Direction : Catherine Saunier-Talec
Directeur de projet : Timothée Le Mière
Responsables de projet : Anne Vallet et Anaïs Guichard
Traduction : Xavier Hanart
Mise en page : Nord Compo
Conception couverture : Mélissande Mestas

Dépôt légal : novembre 2023
81-1522-1/01
ISBN : 978-2-01-724224-6
Imprimé en Chine

R
H
R